LES ESSAIS

RAYMOND BELLOUR

Henri Michaux

ou

une mesure

de l'être

GALLIMARD

A Hélène, bonne lectrice.

La question de la poésie

« On ne peut en rejeter la faute sur qui que
ce soit. On ne peut davantage expliquer comment les choses en sont venues là. On ne peut
s'élever ni contre des personnes, ni contre des
idées, ni contre des phénomènes précis. Ce ne
sont ni le talent, ni la bonne volonté, ni même
les caractères qui manquent. C'est à la fois tout
et rien ; on dirait que le sang, ou l'air, ont
changé ; une mystérieuse maladie a détruit le
germe de génie de l'époque précédente, mais tout
reluit de nouveauté, de sorte qu'on ne sait plus
en fin de compte, si le monde a réellement
empiré, ou si l'on a tout simplement vieilli.
Alors, un nouvel âge a décidément commencé [1]. »
Toute époque revendique le droit de contester
celle qui la précède et tient à se proclamer en
état de crise. S'il est toujours un peu dérisoire
de se vouloir singulier, il semble malgré tout
que notre temps ait un droit à le faire, lui qui se
prend et cède à la fascination inquiète, périlleuse
et allègre de tant de voix multiples.

L'histoire des idées épouse celle de leurs révolutions. La violence inspire aux idées une force
unique ; les années de paix leur donnent une

parure et un corps. Qu'arrive-t-il lorsqu'on ne voit que des révoltes, ou des révolutions désamorcées ? Il n'y a plus qu'une histoire infirme. Se ferait-elle ainsi aussitôt qu'on la vit ? Enfin, c'est notre histoire. Quelque chose est arrivé, ou ne l'est pas encore. Les idées se transforment d'une étrange manière. C'est la fausse guerre et le repos trompeur. La littérature française est en état d'insurrection permanente. Elle s'éveille mal et ne s'endort jamais. L'histoire d'aujourd'hui est celle d'une longue insomnie.

Que le baroque hante le classique ou que le sentiment détourne la raison, ce ne sont que des mutations dans l'accomplissement d'une même nature. Il y a aujourd'hui du nouveau dans la littérature. Les intuitions et les pressentiments du XIXᵉ siècle ont pris corps et esprit. Toute évolution se double et se pénètre d'une contestation radicale. Il n'y a plus de littérature un peu neuve qui ne tâche de se mettre en question et ne dise ouvertement ce que toute expression affirmait jusque-là de manière implicite. On dirait une blessure irréfutable, comme si cet écart douloureux devenait le souci primordial et ainsi l'expérience essentielle qui permet à la fois d'éclairer les œuvres du passé et de justifier toute tentative actuelle.

On a parlé de l'ère du soupçon, de l'école du refus, on a évoqué la terreur dans les lettres, le degré zéro de l'écriture et la haine de la poésie, on a présagé l'innommable, Sartre enfin a défini l'intellectuel comme le « fonctionnaire du négatif ». Ce sentiment tour à tour égaré, réfléchi et exalté de la révolte et de l'absence, de la conscience et de la solitude, rien ne l'incarne mieux que l'œuvre de Blanchot, lui qui invoquait « la littérature et le droit à la mort » et montre le souci constant de définir une condition littéraire de la modernité. L'écriture est entrée en contestation comme on entre en religion, elle accomplit sa rigoureuse autocritique et perpétue un état de crise qui finit par se confondre avec le mouvement qui la porte.

On a beaucoup parlé de la crise de l'expression, des difficultés du roman, et du problème de la poésie. Je ne crois pas qu'aucune question littéraire ait suscité autant de commentaires. Sans doute, à une époque où toute réflexion sur la littérature et ses moyens ne peut se passer d'une méditation sur le langage, cette passion s'explique par l'opinion courante et un peu illusoire qui veut que tout ce qui touche à la poésie touche d'autant plus au langage. La poésie illustre un privilège de la parole et ce n'est pas le moindre paradoxe que ce soient des poètes qui aient rendu possibles la plus grande contestation et le plus haut privilège. Cette union contradictoire incarne la question de la poésie.

La contestation visa à l'origine, les surréalistes ne s'y trompèrent pas. Pour détruire les formes littéraires qui les précédaient, ils commencèrent par saper ce qu'elles possédaient de plus précieux, leurs mots. Le surréalisme, on l'a dit, obéit à une double logique : il aspire à un désordre qui est la forme la plus manifeste d'attaque contre l'objet qu'on prétend détruire — l'ensemble du monde bourgeois ; il instaure un ordre quand, comme malgré soi, s'édifie et se perpétue l'expérience de ce qu'il faut bien appeler la littérature.

Le surréalisme manifesta, manifeste encore, souvent et conjointement, une extrême méfiance

envers l'aliénation du langage comme une
entière crédibilité dans la révélation de ses pouvoirs. Jules Monnerot ne dit pas autre chose,
lorsque, analysant le rapport de la poésie
moderne et du sacré, il définit le surréalisme
comme une position limite. On essaie de ruiner
l'ordre ancien par le pouvoir négateur de la
parole — je ne crois pas qu'il existe un plus beau
rêve de magie efficiente —, on parle et on écrit,
la volonté de changer la vie se constitue par la
force des choses en œuvre littéraire, la révolution
surréaliste, cette agression novatrice, se résout en
des langages, produit des écrivains, c'est un
ordre qui naît. Si le surréalisme a tant fait, c'est
par cette médiation indirecte du langage qui va
un peu à l'encontre de sa première initiative.
S'il fait moins aujourd'hui, c'est que le monde
a changé et qu'il ne l'a pas fait. Monnerot va
peut-être un peu loin quand il fait une comparaison rigoureuse entre gnostiques et surréalistes,
mais il est vrai que, depuis la guerre surtout,
l'attitude et les œuvres des surréalistes ne
montrent guère qu'ils aient eu part au grandis-
sant désarroi qu'ils avaient si admirablement
contribué à instaurer dans un monde qui a fini
par leur échapper. L'ordre comme le désordre,
ils l'ont voulu absolu, en un temps où comme
en aucun autre peut-être ce qui est absolu et ce
qui est vrai n'ont risqué autant de différer. Sartre
le dit avec férocité, mais non sans raison : l'ordre
désordonné du monde, aujourd'hui, supporte
mal une telle croyance dans les pouvoirs de l'attitude poétique.

Les arbitres du surréalisme ont au reste la
partie belle quand ils portent leurs accusations :
il faut reconnaître l'origine de la scission entre

l'écrivain et la société pour laquelle il écrit, que
Barthes situe justement au milieu du siècle dernier, lors de la révolution de 1848, quand s'annonce un tragique de la littérature chez un
écrivain divisé entre sa conscience et sa condition. La poésie qui naît alors, assumant la voie
royale de l'idéalisme poétique illustré par
Hölderlin, deux générations sublimes de romantiques allemands, Shelley, Nerval et Poe, cette
poésie qui va de Baudelaire au surréalisme égale
au prêtre, comme il est dit dans *Mon cœur mis
à nu*, le poète, mage d'une forme particulière
de religion dont un langage inspiré se fait la
prière. Je ne pense pas qu'il soit injuste de
reconnaître chez ces poètes une vocation mystique de l'expression — Breton lui-même n'en
a-t-il pas fait le reproche à Rimbaud dans un
mouvement d'impatience — et qu'il soit mal
venu d'induire de l'influence qu'ils n'ont
jamais cessé d'exercer pour penser que « l'expérience poétique », celle-là même que décrit
Renéville, possède une certaine analogie avec
l'expérience mystique.

Les poètes modernes ont rompu avec Dieu,
mais ont gardé l'oracle. Le sacré poétique n'est
pas le sacré religieux, Breton l'a assez dit. Il l'a
même trop dit. Le merveilleux n'est pas le mystère, mais il lui doit beaucoup. Les prières du
langage caressent les visages enfuis de la Divinité. On cherche encore les clefs du monde. La
parole a gardé sa magie et perpétue dans le
silence de son recueillement de surprenants
échos. Qu'on ne croie pas à de l'ironie. Cette
poésie fait partie du meilleur de nous-mêmes.
Ce n'est pas mal l'aimer qu'essayer de la désigner justement et de se demander si le temps

n'est pas venu d'en changer. Les poètes ont fini par rendre la parole trop lointaine. Il y a ainsi chez René Char, que beaucoup considèrent comme le plus grand des poètes actuels, quelque chose de ce sens du sacré qui peut être étranger aux convictions religieuses de l'homme, mais le rapporte à une tradition où la nostalgie d'un ordre ancien le dispute à toute sollicitation du présent. Je dis Char, ce pourraient être d'autres, mais s'il faut un symbole, il n'y en a pas de meilleur.

L'état de crise règne en littérature, la poésie fait problème. L'existence indiscutable d'une poésie actuelle — fût-elle réductible à quelques auteurs qui font, comme Char ou Perse, figure de maîtres — demande qu'on s'y arrête. Dans l'état d'incertitude et d'insécurité qui est le nôtre aujourd'hui, la poésie n'a pu être épargnée. La conscience critique, chaque jour plus vigilante et douloureuse et qui va s'aiguisant contre l'esprit du temps, l'œuvre de Char, marquée des traces aveuglantes de l'aphorisme, l'abrite depuis longtemps déjà. Mais il y a un seuil qu'elle ne peut transgresser sans risquer de se nuire. La conscience critique célèbre ici ses noces avec une harmonie supérieure et s'apaise dans la conciliation. Elle finit par reposer en paix. Je pense à tel *Feuillet d'Hypnos* ou à quelque fragment de cette *Parole en Archipel* où le langage soudain s'immobilise en ce « signe debout » par lequel Barthes définit la poésie moderne. L'autocontestation, la dérision, l'humour — noir comme le voulait Breton, c'est-à-dire agressif et mythique, enfant de Maldoror, ou seulement clairvoyant —, ou plus simplement la lucidité modeste qui sont essentiels à l'activité littéraire présente, sont chaque jour plus absents de cette poésie comme de tout ce qui s'en montre redevable ou proche. Il n'est pas jusqu'à une certaine forme de prudence et de retenue, ce que Chris Marker appelle la manière Plume de voyager, qui ne lui fasse absolument défaut.

La poésie parle au nom d'un ordre, d'une souveraineté maintenue à bout de langage. Le sacré a survécu à la mort des Dieux, le langage est alors cette distance entre soi et le retrait des Dieux, une parole errante mais pourtant assurée d'un chiffre à dévoiler. C'est une chose admirable et qui pourtant ne peut plus satisfaire, aujourd'hui que le temps n'est plus de l'Un romantique, ni même du magnifique élan de révolte par où la littérature se voulait aux yeux de tous responsable de la vie tout entière, et qu'on sent partout comme un air de détresse, un ordre lacunaire et toujours effrité où l'unité sans cesse menace de se perdre.

Si le poète, comme le voulait Rimbaud, est chargé de l'humanité, des animaux même, on peut penser que les poètes de ce temps ont un peu déserté. Ce n'est pas que Char n'exprime rien de la réalité de ce temps : *Fureur et Mystère* dit ce que fut notre guerre et l'œuvre entière s'ouvre sur le « voyage des énergies de l'univers » qui se profile à l'horizon humain. Mais il ne semble pas que ce soit affronter la nouveauté d'une époque où l'angoisse, l'indifférence et l'espoir les plus fous se conjuguent pour délivrer une image un peu différente de l'homme. La poésie parle au lointain, elle n'évoque rien des savoirs nouveaux qui organisent notre géographie quotidienne, on n'y rencontre pas le

souci continu de nos vies, cet exercice toujours
présent qui fait se conjuguer la pensée et le
monde. Elle vit en exil, elle exile notre modernité, et ses voix si souvent magnifiques ne
retiennent plus absolument alors même qu'on
ne peut vraiment les éluder. La poésie aujour-
d'hui est devenue un immense château dont on
habite seulement quelques pièces, elle ne parle
plus qu'à une part de l'être.

Henri Michaux incarne ce débat. Il y a aujour-
d'hui près de quarante ans — son premier livre
important, *Qui je fus*, date de 1927 —, qu'il
poursuit une œuvre d'une rare importance, qui
pose implicitement un des problèmes essentiels
de la création littéraire. L'œuvre de Michaux
réclame l'auscultation véritable de la poésie.
Elle est le signe le plus manifeste d'un problème
latent que l'état actuel de la littérature invite à
porter au grand jour. Elle permet de se demander
à nouveau, comme il est bon de le faire chaque
fois qu'il semble entrer du jeu entre un mot et
l'idée qu'il recouvre : qu'est-ce que la poésie ?
Michaux dit : *J'ai horreur des mythes. Il faudrait remettre en question tout ce qui vieillit et
passe aux mythes. Même la France au bout d'un
certain nombre d'années devrait changer de
nom, par honnêteté, pour se dégager du mythe
« France »* [a]. Entre-t-il une part de mythe dans
le mot poésie, et quelle est-elle ? voilà la question que posent les écrits de Michaux.

On dira que c'est trop induire d'une œuvre
que d'en faire le motif d'une telle entreprise,
et que c'est accorder à un auteur une préférence

---

a. Robert Bréchon, *Michaux*, « La Bibliothèque
idéale », p. 207.

tout à fait singulière. Il a semblé qu'il était à la fois plus convenable et plus honnête de traiter des questions du langage par le langage même, et d'aborder une œuvre dans sa totalité. Pour le choix de l'auteur, j'avoue ma sympathie et même ma passion, mais il est indiscutable que cette œuvre doive être choisie dès qu'en poésie il est question d'évolution et de problématique. Comment en serait-il autrement de ce journal intime et multiforme étendu aux dimensions d'une vie et dont chaque page témoigne d'une approche vers le problème d'être, au moment où toute œuvre de valeur révèle un souci permanent de connaissance et de critique si proche de ce qui autrefois était l'apanage naturel de la philosophie.

La description de cette œuvre, image d'un itinéraire de l'être dont Michaux dit partout qu'il est depuis toujours son unique souci, appelle un débat sur les fondements de l'expression écrite. Que sont la prose et la poésie, qu'est-ce qui les unit ou les sépare ? Qu'en est-il des genres, ces héritiers vivaces encore de la tradition littéraire ? Qu'est-ce qu'une pensée critique et quel est le rapport d'une quête personnelle à l'histoire ? Qu'est-ce qui appartient en propre à l'homme Henri Michaux et que propose-t-il à la poésie et à la littérature ?

Ce que l'œuvre de Michaux a de plus admirable, c'est la manière dont au fil des textes elle fait naître ces questions, dont constamment des pages d'exorcismes et de salut personnel délivrent dans leur sillage ce à quoi il est essentiel de pouvoir répondre pour savoir ce qu'est en notre temps écrire, au risque de tomber sous l'accusation d'un auteur qui ne craint pas d'affirmer : *Vivre dans un monde d'énigmes auquel c'est en énigmes aussi qu'il convient le mieux de répondre* [a]. Aussi bien n'est-ce pas tant une réponse qu'il convient de donner, mais essayer de se demander sans réserve : qu'est-ce que la poésie, quels sont sa forme, son sens et sa raison dans la littérature d'aujourd'hui ?

On n'a pas cessé depuis vingt ans de poser cette question, on y a répondu parfois de manière admirable, souvent avec adresse et sensibilité, mais rarement avec justesse. On avait mal posé la question, ou plutôt on ne l'avait pas posée jusqu'au bout ; on l'élude, car on la pense en partie résolue. Ainsi les commentaires, aussi remarquables soient-ils, laissent le plus souvent en suspens un propos qui demandait qu'on l'examinât et qu'on le mît en doute. On a donné souvent des réponses partielles, inexactes ou trop simples, et c'est curieusement celles-ci qui apprennent le plus ce que sont aujourd'hui la poésie et les poètes.

Michaux permet d'éclairer parfaitement l'énigme et d'esquisser une réelle ouverture. Il arrive un moment où les questions sont pressantes et risquent de devenir plus justes. Son œuvre est de celles qui font tourner le vent. La littérature doit cesser de le craindre et de l'admirer, et de toujours finir par l'esquiver. Il lui faut prendre ses risques et courir sa chance. Elle n'échappera pas plus à Michaux qu'elle n'échappa à Baudelaire ou à Flaubert. Michaux incarne peut-être la fin de quelque chose, mais il annonce aussi l'aube d'une autre vérité. Il y a comme un glissement d'être.

a. *Passages*, p. 180.

Qui dit poésie dit poète, image du poète. Notre débat est simple : est-il possible encore de dire aujourd'hui d'un poète ce que Blanchot si magnifiquement écrit de Hölderlin ? « Le poète est celui en qui, essentiellement, le temps se retourne et pour qui, toujours, dans ce temps, le dieu se tourne et se détourne. Mais Hölderlin conçoit, aussi, profondément que cette absence des dieux n'est pas une forme purement négative de rapport ; c'est pourquoi elle est terrible : elle l'est, non seulement parce qu'elle nous prive de la présence bienveillante des dieux, de la familiarité de la parole inspirée, non seulement parce qu'elle nous rejette sur nous-mêmes dans le dénuement et la détresse d'un temps vide, mais parce qu'elle substitue à la faveur mesurée des formes divines telles que les Grecs les représentent, dieux du jour, dieux de la naïveté initiale, un rapport, qui risque sans cesse de nous déchirer et de nous égarer, avec ce qui est plus haut que les dieux, avec le sacré lui-même ou avec son essence pervertie [2]. »

La question du poète

On a beaucoup rêvé sur cette œuvre de Michaux. On y a rêvé de prophéties et de prodiges, de magies et de paradis artificiels. On y a rêvé d'un poète qui s'appellerait Henri Michaux. On a essayé de répondre de toutes les manières aux lecteurs de *La Nouvelle Revue Française* qui, lorsque Jean Paulhan publia dans la revue les premiers textes de Michaux, écrivirent rageusement que ce n'était point là de la littérature. Cette voix soudain, insoupçonnée, il fallut, à la fois pour rassurer et comprendre, lui découvrir des pères et un passé, elle qui n'en invoquait aucun.

On les trouva. Ils en valaient bien d'autres. Mais c'était la première fois, il me semble, que pour cerner le sens et la nature d'une œuvre poétique, on invoquait tout à la fois des philosophes, des conteurs, des moralistes, des romanciers, des dramaturges, des humoristes et des auteurs mystiques. Il y avait bien aussi quelques poètes, mais ce n'était pas l'essentiel. On peut s'en étonner. Les curieux trouveront à la fin de cet essai un détail de ces références. Ils liront aussi les réflexions que l'œuvre de Michaux a inspirées à de nombreux critiques et qui portent tout particulièrement sur les points suivants : qu'est-ce que la poésie de Michaux ? Michaux est-il véritablement poète ? On pose peu de pareilles questions. Les poètes se montrent en général assez certains de leur identité et leurs commentateurs les imitent largement. Pourtant, Michaux déroute, on le voit bien. Malgré une attention fidèle et passionnée, beaucoup d'auteurs montrent devant ses livres une irrésolution bien significative. On les sent mal à l'aise au contact de cette langue inattendue et si personnelle, souvent trop élémentaire et surtout trop exacte pour être de la poésie, mais beaucoup trop riche et suggestive pour n'en être pas. Michaux oblige aux questions les moins ordinaires, elles sont rarement formulées avec beaucoup de précision mais cela suffit à incarner un doute et à permettre une discussion. Je trouve important qu'on puisse se demander si Michaux est poète, car c'est porter une interrogation sur ce que sont et seront les poètes, c'est ouvrir un débat où la littérature devrait trouver un peu de vérité. Michaux provoque, non pas au sens où les surréalistes ont pu le faire, par des attaques délibérées d'une agressivité qui forçait la réplique, ni même comme Sartre il y a vingt ans par la violence sourde et implicite d'idées neuves, mais d'une manière beaucoup plus insidieuse. Il arrive toujours, dans la littérature comme ailleurs, des gens que l'on n'attendait pas. Ce sont parfois les plus destructeurs, et souvent les porteurs d'avenir. Une allure un peu particulière, une autonomie farouche font d'eux les maîtres d'un domaine sans repères immédiats, qui répond mal à la géographie coutumière.

Michaux se livre ainsi à un travail de sape d'une étrange nature. Beaucoup plus qu'à une colère, c'est à un effritement qu'il faut répondre. Les notions prennent du jeu, les mots échangent leurs masques et on ne les reconnaît pas. J'ai dit combien Michaux inquiétait, et l'impuissance où se trouvaient souvent ceux qui cherchaient à lui donner un véritable nom. Est-ce de la poésie qu'il écrit, est-il vraiment poète ? Ces questions, qui sont les nôtres, Michaux leur donne un premier horizon et rien ne peut commencer à les situer mieux que les propos épars, fragmentaires et souvent divergents, de sa voix rare et singulière.

On a dit, et Michaux en fait toujours la preuve, que son œuvre montre un doute fondamental envers le langage. *Je redeviens moi-même et prends à nouveau l'écriture en suspicion* [a]. Cette suspicion est générale. Mais comment touche-t-elle plus particulièrement les notions de poésie et de poète ?

Michaux use moins de ces termes que la plupart des poètes. Pour parler de ses écrits, il emploie d'autres mots. *Ecrire, écrire : tuer, quoi* [b]. Ses pays imaginaires sont des *Etats-Tampons* [c], *Prison montrée n'est plus une prison* [d]. Ses préfaces ou postfaces [e] parlent de difficultés, d'expédients ou de principes.

C'est pour d'autres plutôt qu'il retrouve le langage dont trop souvent on aime se servir à

a. Robert Bréchon, *op. cit.*, p. 205.
b. *Ecuador*, p. 16.
c. *Passages*, p. 154.
d. *Ibid.*, p. 146.
e. A *Plume, La nuit remue, Epreuves, Exorcismes.*

son égard. Il parle ainsi de son ami Gangotema, *poète habité par le génie et le malheur* [a], ou de Supervielle qui fut pour lui *la révélation de la poésie vivante*, et dont il dit comme jamais il ne le fit de personne : *Je voyais enfin un homme formé et transformé en poète, un homme que la poésie habitait comme je croyais jusque-là que seule la musique le pouvait* [b]. On sent là une véritable qualification, comme dans une note où il évoque des phénomènes de voyance : *De même le vrai poète crée, puis comprend... parfois* [c]. Il arrive à Michaux — c'est un des rares exemples qu'on en puisse donner — de se désigner ainsi, fût-ce sous le masque intermédiaire d'une troisième personne : *Il ne faut pas non plus croire à la régularité, surtout pas en poésie. Elle garde son mystère à l'intérieur de celui qui en fait et serait tenté de s'en croire possesseur. Un jour un contact, on ne sait où en lui, ne se fait plus. Il a cessé d'être poète et il est le dernier à s'en apercevoir* [d] ! Il appelle aussi *Paix dans les brisements Le poème mille fois brisé* [e], il écrivit même une fois Poésie sur le mode majuscule, mais c'était encore en parlant de Supervielle.

Michaux fait preuve en général de beaucoup d'ambiguïté. Voici par exemple l'essentiel d'une page qui servit à René Bertelé pour introduire l'article « Henri Michaux » dans une anthologie,

a. Robert Bréchon, *op. cit.*, p. 20.
b. René Bertelé, *Henri Michaux*, coll. « Poètes d'aujourd'hui », Seghers, 1946, p. 28.
c. *Misérable Miracle*, p. 47.
d. Robert Bréchon, *op. cit.*, pp. 204-205.
e. *Paix dans les brisements*, p. 33.

où se mêlent étrangement des déclarations formelles, un langage conventionnel, une logique souterraine et audacieuse et une infinie dérision de soi-même [a]. *J'écris comme je peux, la première fois à la suite d'un pari ou plutôt d'une colère. Je fus très surpris par le résultat de l'explosion qui fut appelée poème. Cela se répéta. Je n'y suis pas encore habitué.*

Je ne sais pas faire de poème, ne me considère pas comme un poète, ne trouve pas particulièrement de la poésie dans mes poèmes et ne suis pas le premier à le dire. La poésie, qu'elle soit transport, invention ou musique, est toujours un impondérable qui peut se trouver dans n'importe quel genre, soudain élargissement du Monde. Sa densité peut être bien plus forte dans un tableau, une photographie, une cabane. Ce qui irrite et gêne dans les poèmes, c'est le narcissisme, le quiétisme (deux culs-de-sac) et l'attendrissement assommant sur ses propres sentiments. Je finis par le dire : le côté délibéré. Or la poésie est un cadeau de la nature, une grâce, pas un travail. La seule ambition de faire un poème suffit à le tuer.

Les titres et les sous-titres de l'œuvre reflètent ces contradictions. *La Vie dans les plis* porte la mention générale *poèmes*, alors que seul l'ensemble *Apparitions* comporte des textes en vers libres. *L'Espace du dedans*, anthologie, indique *pages choisies*, *Les Rêves et la Jambe* est un *Essai philosophique et littéraire*, *Ecuador* un *Journal de voyage*. La qualification des autres volumes est abandonnée au lecteur. Point trop

a. *Panorama de la jeune poésie française*, Laffont, 1944.

cependant, puisqu'à l'intérieur de nombreux
recueils la majorité des textes en vers est chaque
fois rassemblée sous le titre *poèmes*, laissant supposer, formellement tout au moins, que le reste
est de la prose. Dans *Epreuves, Exorcismes* par
exemple, Michaux distingue dans la préface
entre *les poèmes du début de ce livre* et les
textes qui suivent, ce qui recouvre exactement le
passage du vers libre à la prose.

Je ne connais que deux textes où soit faite clairement la distinction entre poésie et prose.
Michaux dit, naissant à l'extase de la musique :
*Un poème aurait vendu la mèche dix fois et la
prose rend tout ignoble*[a]. On sent là l'indica-
tion d'une préférence. Il écrit encore : *La passion du voyage n'aime pas les poèmes. Elle supporte, s'il le faut, d'être romancée. Elle supporte
le style moyen et le mauvais, et même s'y exalte,
mais elle n'aime guère le poème. Elle se trouve
mal dans les rimes*[b]. L'ensemble du texte que
Michaux écrivit pour préfacer une anthologie
poétique sur le thème du voyage marque sans
ambiguïté la différence entre la poésie et la
prose. Michaux y esquisse même une brève histoire du sentiment poétique, du romantisme au
surréalisme. Ces quelques pages sont d'une
grande subtilité. Il exalte presque la poésie,
mais parle soudain de rimes, et restreint donc
strictement la portée de son propos. Puis il
évoque avec une intuition rare la poésie investie
de pouvoirs, citant Lautréamont et Benjamin
Péret, mais le temps qu'il emploie — l'imparfait — la situe au passé, et sans que rien n'y

a. *Passages*, p. 132.
b. *Ibid.*, p. 61.

paraisse, la distance naît, et avec elle la nostalgie. Enfin un peu d'ironie perce partout sous l'émotion, comme dans cette phrase qui n'a l'air de rien, mais définit si bien la poésie de tout le début de ce siècle : *Le poème était un ciel, et le poète tenait le manche à balai* [a]. On sent comme un regret dans cette lucidité. Ainsi parle-t-il ailleurs de l'intelligence poétique des Chinois [b].

A la vérité il est difficile qu'un tel foisonnement d'idées et d'impressions contradictoires et juxtaposées réplique clairement à notre question. Mais cela confirme au moins qu'elle valait d'être posée, et que les termes en sont : où en est la poésie dans Michaux, autour de lui et à partir de lui ?

— *Lisez-vous des poètes ?*

— *Je lis surtout des textes archaïques de peuples étrangers où la poésie n'est pas mise à part, et où elle vient à l'improviste, on ne sait comment, alors qu'on n'était pas occupé d'elle* [c]. Les interrogations sont toujours retournées. La vérité s'enveloppe de l'insoupçonné qui habite cette parole en biais, décalée, et qui toujours invite à la remise en doute. C'est là encore une des raisons d'avoir choisi Michaux pour notre recherche, que cette solitude aiguisée qui n'en finit pas de proposer une réflexion à la communauté de la vie et de l'art. Peu nombreux sont les pères qu'il accepte, les influences qu'il s'octroie, puisque Kafka par exemple vint trop tard pour le marquer. *J'ai aimé sans restriction ni explications deux hommes : Lautréamont et*

a. *Passages*, p. 65.
b. *Paix dans les brisements*, p. 27.
c. Robert Bréchon, *op. cit.*, p. 209.

Ernest Hello. Le Christ aussi pour dire vrai[a].
Lorsque trente-quatre ans plus tard il donne
*Quelques renseignements sur cinquante-neuf
années d'existence*, il n'ajoutera que Ruysbroek
l'Admirable, Tolstoï et Dostoïevski[b]. Ce qu'il
faut compléter par une apologie de *l'imbécile*
qui a son importance car elle n'est pas étrangère
à une idée de l'humanisme dont on reparlera, et
où Michaux fait, outre celui de Ruysbroek, l'éloge
de saint Joseph de Cupertino surnommé l'âne,
*qui ne comprirent point infiniment de détails,
mais l'essentiel jusqu'à la moelle : le Dieu qu'il
y avait à aimer*[3]. On rencontre peu de poètes
dans les références qu'on trouve à Michaux, il
n'y en a qu'un qu'il nomme toujours, Maldoror qui l'aida à dire sa révolte.

Les aventuriers des lettres entrent souvent par
la porte dérobée. Ils intimident, car jamais on
ne sait trop à quoi s'attendre. Ce sont les messagers de l'inquiétude et les inspirateurs des vérités inattendues. Elle est belle, la réponse que fit
Michaux à Robert Bréchon qui lui rapportait
combien les critiques étaient intimidés devant
son dernier livre : *Serait-ce qu'ils sentent que
nous sommes et ne sommes pas sur le même
bateau ? Enfermés dans la littérature, hommes
d'une seule foi, ils doivent flairer l'hérétique en
moi ; ils doivent sentir celui qui, quoique exigeant en littérature à l'extrême, tend, dans le
moment même où l'on examine son livre, à se
diriger ailleurs*[c].

---

a. *Cas de folie circulaire.*
b. Robert Bréchon, *op. cit.*, p. 17.
c. *Ibid.*, p. 209.

La question de l'être

APPROCHES

L'écriture est ombre et lumière. Elle est meurtre et conscience, délivrance et proposition. Elle questionne l'être, diversement. La question de Michaux est directe : qu'en est-il de mon être et de ce qui m'entoure ? Pareille est sa réponse sous l'apparente diversité des voix. *J'écris pour me parcourir. Peindre, composer, écrire : me parcourir. Là est l'aventure d'être en vie* [a]. L'être se définit par l'expulsion de la parole. Il se propose à lui-même. L'œuvre de Michaux est la plus parfaite illustration d'une écriture en forme de miroir. L'homme se regarde et s'ausculte, naissant à cette forme particulière de proximité qu'est la distance d'un langage jamais réellement délié de l'intimité qui le suscite. Il essaie sa *machine à être* [b]. Je ne connais pas d'œuvre, hors celle des philosophes, où le mot être soit aussi fréquent. Quand Michaux dit *l'homme*, cela signifie : *son être essentiel* [c]. Michaux suit le profil *des grandes ondulations de l'être* [d], jamais il ne s'échappe, il suit à la

a. *Passages*, p. 142.
b. *Ibid.*, p. 151.
c. *La Nuit remue*, p. 30.
d. *Ibid.*, p. 74.

trace l'être d'Henri Michaux et n'admet aucune
diversion. *Une fois pour toutes, voici : les
hommes qui n'aident pas à mon perfectionne-
ment : zéro* [a]. Ce long voyage au pays de soi-
même demande une attention scrupuleuse. Rien
ne doit détourner de la question perpétuelle. Si
Michaux évoque les saints dans son journal de
voyage, c'est qu'ils invitent à l'essentiel, s'il
accepte mal un exercice divertissant de la parole,
c'est qu'il en détourne. *Déjà écrire d'imagination était médiocre, mais écrire à propos d'un
spectacle extérieur* [b] ! Michaux ressent avec difficulté l'entourage du monde, et ce texte vieux de
trente-cinq ans montre combien une violence
sans compromis était nécessaire pour ressentir
cet *outil fou* qu'est la *Présence de soi* [c]. Tout
commence au refus, au pouvoir de dire non.
L'écriture est un meurtre, elle suicide l'être afin
que l'être soit. Elle est une façon pour l'être de
se savoir en exercice. C'est une suprême violence. *La rage n'a pas fait le monde mais la rage
y doit vivre* [d]. La rage est unité, la forme
extrême du souci. Etre et dire sont les acteurs
masqués d'une pièce unique. La rage des mots
et la rage de soi se confondent, elles vont droit
à un but identique. Le langage précipite hors de
soi, mais il faut être présent à soi pour oser le
risquer. On ne peut nommer si l'on n'amarre
son être, si l'on ne maintient son centre. La rage
est alors une ascèse, l'esquisse d'un salut et le
début d'une étrange sagesse. Elle est étroite, la
route qui mène l'être à l'être, elle est aussi le

a. *Ecuador*, p. 103.
b. *Ibid.*, p. 76.
c. *Plume*, p. 99.
d. *Ibid.*, p. 100.

seul parcours qu'il ne soit pas possible d'excé-
der. Lorsque la vie déserte l'homme [4], il s'en
tient d'autant plus à ce qui lui reste en partage,
à cette route étroite que la parole déroule, précipite et commente. Elle l'offre et la perpétue, et
la multiplie en d'infinis mouvements.

*Pour questionner, pour ausculter, pour appro-
cher le problème d'être* [a], il faut s'armer de vigi-
lance. L'Inde est *son voyage* [b] et les images de
cette perfection lointaine le fascineront longuement. *Que n'ai-je connu plus tôt la danse de
l'Hindou, danse qui se garde bien de le décen-
trer, de l'éloigner de lui-même* [c]. Il faut être un
à travers l'intercession des multiples, et si l'être
est multiple, laisser en soi surgir tous les visages
pour mieux les découvrir et se saisir dans l'irréfutable fugacité des passages. C'est l'admirable
assurance qui du fond des brisements où le
surhumain n'est fait que de l'humanité la plus
nue, permet d'écrire : *Je crois donc montrer,
ayant plusieurs fois pendant des heures été en sa
présence alors prodigieuse, je crois montrer
l'arbre sans fin, l'arbre de vie qui est une
source, qui est, piqueté d'images et de mots et
proposant des énigmes, l'écoulement, qui, sans
interruption, même d'une seule seconde, traverse l'homme du premier instant de sa vie au
tout dernier, ruisseau ou sablier qui ne s'arrête
qu'avec elle* [d].

Les intercesseurs effectifs et tangibles font
défaut entre l'homme et l'œuvre. On voit mal
où commence l'un, où se termine l'autre.

a. *Passages*, p. 134.
b. Robert Bréchon, *op. cit.*, p. 21.
c. *Passages*, p. 139.
d. *Paix dans les brisements*, p. 31.

L'abandon à une harmonie, le désir d'une lisibilité, la constitution d'une totalité, ce miroir de
l'être, invitent à observer une distance. Il y a
monde et cette autonomie particulière rend
impossible de tout prendre à la lettre. L'œuvre
s'offre pourtant plus directement que toute autre
par le souci qu'un homme y montre de révéler
son être à son propre regard. On ne peut constater comme c'est presque toujours la règle dès
qu'il y a création littéraire, aucune disparité
entre des écrits objectifs dus à l'imagination et
des écrits subjectifs doués de réalité intime. La
dualité du je esthétique et du je de confession se
résout chez Michaux dans un incessant mouvement de contamination qui finit par rendre tout
divorce illusoire. Une autorité extérieure permet
seule une séparation, mais c'est déjà sortir de
l'œuvre, défier son ordre et son sens propres. Si
on la considère dans sa vie secrète et nombreuse,
il se révèle une continuelle interférence qui ne
permet que de tracer une variable du plus réel
au plus imaginaire et qui joue sur un parcours
très limité. Cette unité singulière de l'œuvre,
irréductible et fragile, est sa qualité foncière, sa
nature exclusive. Qui ne la ressent pas peut se
plaire à Michaux, y trouver des raisons de croire
et de désespérer, mais n'entrera jamais dans son
royaume ouvert aux vents de l'être.

Ainsi le texte biographique *Quelques renseignements sur cinquante-neuf années d'existence* [a], écrit par Michaux lui-même, est entièrement objectivé à la troisième personne. Par
contre c'est un je presque continuel qui règne
dans *Le Lobe des monstres*, ensemble de courts

a. Robert Bréchon, *op. cit.* pp. 15-23.

récits qui contiennent une foule d'indications
dont certaines figurent dans la biographie. *A
vingt et un ans, je m'évadai de la vie des villes,
m'engageai, fus marin* [a]. La biographie précise :
*1920, Embarque comme matelot sur un cinq-
mâts schooner.* Les dates concordent absolument : Michaux est né en 1899. Le moindre détail
contribue à créer une perpétuelle ambiguïté. Un
de ses premiers livres, *Qui je fus*, est en partie
composé de récits qui accusent un net caractère
d'irréalité ; le personnage principal d'un de ces
contes se nomme Qui-je-fus : comme si Michaux
voulait démontrer lui-même par cette accumulation de détails apparemment contradictoires que
toute fiction est déjà confession, toute confession
déjà fiction, que parole directe et parole indirecte s'annulent l'une l'autre et se mêlent jusqu'à n'être plus vraiment déliables. Michaux dit
aussi dans un texte qui s'intitule cette fois *Qui
il est* [b] ce qu'il répète partout sous les formes les
plus diverses. *Il est et se voudrait ailleurs, essentiellement ailleurs, autre.*

Il l'imagine, il faut bien qu'il l'imagine.

Il dit même : *Ses livres Qui je fus, Ecuador,
Un Barbare en Asie, Plume, La Nuit remue,
l'ont fait passer pour poète.* Et s'il trace le portrait d'un homme, il redit en esquissant la
figure de cet être anonyme ce que si souvent il
écrit directement en des instants de confidence
déjà embués de légende : *Il serait bien écrivain
car il a de continuelles inventions, mais il voudrait les voir non écrites mais réalisées, et que
nos conditions d'existence changent du tout au*

a. *Epreuves, Exorcismes*, p. 121.
b. *Peintures*.

tout, suivant elles. Il se gargarise peu de ses inventions, au rebours de l'écrivain, il veut voir l'impossible miracle, c'est-à-dire leur passage dans la vie. C'est donc plutôt à la magie qu'il aspire [a]. Le jeu ne s'arrête jamais : c'est le battement continu de l'œuvre, le motif intime, l'image dans le tapis avec pour seul mystère celui des évidences neuves. On sent partout une constante dialectique entre la mythologie du vécu et le vécu de la mythologie, on dirait une fiction qui ne s'attache qu'à l'étude d'un seul être. Sans doute n'en va-t-il jamais autrement de manière implicite, mais l'essentiel est qu'on le sente ici sans fard, avec autant d'intensité et que ce mixte fiction-documentaire soit l'effet de la conscience lucide de l'auteur.

L'œuvre de Michaux se présente donc comme un mouvement d'autoconnaissance : on peut imaginer comme un repli secret voué à l'infinie observation de soi. Elle ne dit qu'un être et ne semble avoir d'autre dessein que lui renvoyer son image.

J'écris avec transport et pour moi,

a) tantôt pour me libérer d'une intolérable tension ou d'un abandon non moins douloureux ;

b) tantôt pour un compagnon que je m'imagine : pour une sorte d'alter ego que je voudrais honnêtement tenir au courant d'un extraordinaire passage en moi, ou du monde, qu'ordinairement oublieux, soudain, je redécouvre comme en sa virginité ;

c) délibérément pour secouer le figé et l'assis, pour inventer [b].

a. « *Portrait d'homme* », *Mesures* (1936).
b. *Panorama de la jeune poésie française, op. cit.*

Et c'est pourtant cette même expérience, *qui semble toute venue de l'égoïsme*, à laquelle dans une intuition admirable Michaux va jusqu'à conférer un sens social[a]. Il y a bien sûr de la supercherie dans le fameux *N'importe qui peut écrire « mes propriétés »*, il suppose un en-deçà de la littérature, comme si tout acte d'expression ne constituait pas aussitôt une œuvre, comme si ce n'importe qui par quoi Michaux veut toujours se définir n'était pas récusé par le livre qui l'exprime. *Je continuais à me dire : sans doute je suis ce qu'on appelle un raté, mais malgré tout il y a quelque chose, si misérable que ce soit, que des gens de plus de talent ne peuvent remarquer et qu'il m'incombe à moi de dire, qui touchera et même aidera quelques-uns un peu faits comme moi*[b]. Mais dans cette innocence même, cette motivation singulière, comment ne pas voir un soupçon possible sur la littérature, la poésie surtout et ses désignations familières. Onze ans plus tard, une autre préface acceptera implicitement le passage à la vie d'écrivain, à un Henri Michaux créateur d'un langage[c], mais qui dira encore : *Au nom de beaucoup je signe ce livre*[d]. Ce qui est beau, c'est que se perpétue une mise en question de l'être par ce désir à tout prix de *tenir en échec les puissances environnantes du monde hostile*[e], et que la valeur sociale de cette expérience soit non pas tant d'inciter autrui à écrire (Michaux y revient encore de manière moins provocante

a. *La Nuit remue*, pp. 203-205.
b. Robert Bréchon, *op. cit.*, p. 205.
c. *Epreuves, Exorcismes*, pp. 7-9.
d. *Plume*, p. 213.
e. *Epreuves, Exorcismes*, p. 9.

dans son texte de 1945 : *On ne saurait assez en conseiller l'exercice à ceux qui vivent malgré eux en dépendance malheureuse* [a]), que surtout à bien lire. La lecture est toujours un début de création, les écrits de Michaux peuvent avoir pour d'autres la valeur de délivrance qu'il leur accorde, et une quête personnelle devient le chemin d'une interrogation commune.

Il est difficile à chacun de partager les hantises, les humeurs et les détours de cette quête. L'ignorance relative où on a tenu Michaux jusqu'ici en témoigne. Si chaque jour on lui accorde, on lui reconnaît plus, c'est que la force et la raison de sa recherche s'imposent à ceux mêmes que bouleversent moins ses mouvements subtils et ses motifs intimes. Car cette œuvre appartient à chacun et n'épargne personne.

On rencontre un écho de cette généralité dans les titres des recueils ; l'emploi des articles y est d'une subtilité extrême et significative. On ne trouve pas d'article indéfini qui détermine par trop et impose la notion d'une expérience particulière (à l'exception toutefois de *Un Barbare en Asie*); plutôt l'article défini qui suppose la notoriété et implique l'idée d'une expérience connue du lecteur comme de l'écrivain. Quant aux nombreuses absences d'article, ou articles zéro, j'y vois surtout la marque d'un anonymat, d'une indifférenciation où le lecteur, comme l'auteur, trouve sa vérité. Ainsi ce très beau titre de *Passages*. Ces remarques ne prennent leur valeur que si on considère le choix des substantifs, eux aussi d'une grande généralité dans leur étrange

a. *Epreuves, Exorcismes*, p. 8.

union d'abstrait et de concret, suggérant des mouvements, des espaces, des essences. Ainsi *La Vie dans les plis*, *La Nuit remue*, *L'Infini turbulent*, *Vents et Poussières*, ou cet admirable titre anthologique, *L'Espace du dedans*.

Qui ne connaît les *mouvements de l'être intérieur* et ne sait que les images les plus personnelles sont aussi les plus communes ? *Le tank part comme un fou et il est très excité. Ce n'est pas un père qui cherche son enfant. Le tank cherche meurtre et incendie et perforation. Son chant n'est pas pour plaire. Son chant grinçant c'est sa chenille de fer pour le conduire au haut des pentes, à travers haies, à travers barbelés, à travers maisons et murs, vers l'homme, vers le construit par l'homme, vers le choyé de l'homme, et pour taper, cracher dessus sa mitraille et tout réduire à rien, à cendre, à gravats, à la hauteur des rats ou des bassets et ensuite à s'en retourner satisfait [a].* J'ai choisi cette image du tank parce qu'elle se développe longuement et qu'elle parle vite. Quoi de plus explicite, de plus commun que l'horizon de la guerre. On pourrait en trouver mille autres, secrètes, allusives, presque paraboliques, ou aussi bien de la métaphysique toute nue, brutalement directes, parfois un peu méconnaissables sous leur allure d'évidence, toutes diverses à ne plus en finir. Rien n'échappe à Michaux dans son domaine d'homme en difficulté. Il est allé si loin en lui-même que son expérience est absolument recevable par tous. Je posais la question de Michaux : qui suis-je ? Quel est ce monde qui m'entoure ? On peut dire aussi bien : Qu'est-ce

a. *Labyrinthes*, p. 15.

que l'homme et quel est le monde qui l'entoure ?

On a souvent dit qu'une interprétation psychanalytique de l'œuvre de Michaux se révélerait d'une singulière richesse. Il serait plus juste de reconnaître l'intérêt qu'il y aurait à interpréter la prépsychanalyse que Michaux offre de lui-même. Toute œuvre est un commentaire de son auteur, mais presque toujours indirect. C'est chez Michaux dans un perpétuel commentaire direct-indirect que paraissent les matériaux d'une analyse souvent rigoureuse malgré l'apparent désordre du quotidien et l'absence presque totale de méthode. Il n'est ainsi pas nécessaire, comme on le fait souvent pour d'autres, de chercher à dégager de cette œuvre l'image du père : une lecture attentive suffit, et la confrontation de très nombreux passages où Michaux nomme explicitement et implicitement l'absence douloureuse ou la présence abusive du père [5]. La curiosité passionnée que Michaux eut toujours et a de plus en plus pour toutes les manifestations de la vie mentale [6], ne faisant là encore que chercher désespérément à commenter *sa façon d'exister en marge* [a], est d'une extrême importance. Si cette passion ne relève pas d'une science, mais seulement d'une culture extrêmement spécialisée, elle l'a conduit à collaborer avec des médecins et des psychiatres pour ses expériences de la mescaline, et à écrire enfin *Connaissance par les gouffres*. Michaux n'a aucune innocence, ou plutôt l'innocence est chez lui une intelli-

a. Robert Bréchon, *op. cit.* p. 16.

gence de soi qui invite à s'abandonner aux cris et aux modulations de l'être pour mieux pouvoir les connaître et les dire. On sent chez Michaux une volonté désespérée de faire de son langage quelque chose comme une réalité étrangère et de se rejeter véritablement hors de soi. Mais il dit bien, par la voix d'un « il » portant ses initiales, combien irréductiblement il demeure en lui-même, cloué à soi comme le coquillage au rocher :

Il écrit mais toujours partagé.

N'arrive pas à trouver un pseudonyme qui l'englobe, lui, ses tendances et ses virtualités.

Il continue à signer de son nom vulgaire, qu'il déteste, dont il a honte, pareil à une étiquette qui porterait la mention « qualité inférieure ». Peut-être le garde-t-il par fidélité au mécontentement et à l'insatisfaction. Il ne produira donc jamais dans la fierté, mais traînant toujours ce boulet qui se placera à la fin de chaque œuvre, le préservant ainsi du sentiment même réduit de triomphe et d'accomplissement [a].

Jamais il ne se sépare, ne se désolidarise de soi. Ce n'est pas qu'il n'y aspire ; la peinture, on le verra, en est un peu la recherche subtile, mais l'impossibilité qu'il montre de faire exister un autre que soi, d'être, comme il le dit, un véritable écrivain, le rejette en lui avec d'autant plus d'obstination et de rage. Et pourtant si *Un écrivain est un homme qui sait garder le contact, qui reste joint à son trouble, à sa région vicieuse jamais apaisée [b],* personne n'est plus

a. Robert Bréchon, *op. cit.* p. 19.
b. *Passages*, p. 148.

écrivain que Michaux. Il garde le contact et en commente toutes les formes. Peu d'auteurs sont plus impulsifs, et peu aussi conscients. Je ne connais pas de dialectique plus aiguë de l'abandon et de l'intelligence. Cet exercice ne souffre d'aucune dichotomie mais obéit à une intime loi d'échange et ne risque jamais de devenir systématique ou de prêter à l'artifice.

Cet ancrage douloureux en soi, nécessaire et obstiné, signe d'un manque supérieurement assumé, qui témoigne à la fois de la plus grande force et de la plus grande faiblesse, invite à adopter vis à vis de l'auteur et de l'œuvre une attitude particulière. J'ai parlé de prépsychanalyse. On pourrait entendre par là une psychanalyse qui ne parvient pas à son terme, ce qui est inexact. Quand Michaux parle de ce compagnon, cet *alter ego* qu'il voudrait honnêtement tenir au courant d'un extraordinaire passage en lui [a], on peut certes y voir l'ombre du médecin, mais il y a loin du dialogue de la cure à cette explosion de soi dans l'imaginaire qu'est toute écriture, aussi intime et consciente soit-elle. Quel éclairage affecter alors à cette œuvre où s'équilibrent si bien parole pour autrui et parole pour soi, où l'art et la connaissance se confondent en un perpétuel alliage d'effets et de motivations. Il faut y voir le surgissement obscur et brisé d'une enfance, l'effort admirable et douloureux d'une vie adulte. Cette manière de se livrer, entre le journal et la semi-fiction, dans le prisme authentique et déformant d'un langage ouvert à toutes les révélations, réclame une attention stricte. Si Michaux n'est pas le malade que supposaient certains de

a. *Panorama de la jeune poésie française, op. cit.*

ses premiers lecteurs, il a assez dit son infini *Retirement de soi hors des choses* [a], son sens du *manque* [b], en un mot une sorte de délaissement originel pour qu'il soit permis de faire état de l'enfance et de ce que lui-même en rapporte. La santé de Michaux est justement son œuvre, elle qui nomme ce qu'on peut appeler sa difficulté à vivre. Peu de choses sont plus terribles que ces quelques lignes intitulées *Fessé par Dieu* qui font partie de *Mes Rêves d'enfant*.

Dieu en était au sixième jour de la création.

Chaque homme aura deux jambes à charge de marcher.

Mon Dieu, dis-je, laisse donc la deuxième ; une seule me suffira. Je dormirai.

Espèce de fainéant ! et d'une fessée... je suis réveillé.

Père se trouve penché sur mon lit. Il était huit heures trois quarts et grand temps d'aller à la messe [c].

Dans ce rêve symbolique d'un auteur dont la moindre confidence apparaît comme une manifestation ordonnée de la parole, fragment déjà de ce pays particulier qu'est le domaine d'Henri Michaux, se profilent les formes du rapport à l'enfance. Cette œuvre est libération, exorcisme. Qu'il s'agisse de se *délivrer d'emprises*, d'expulser les événements *qui ne passent pas, et qu'on garde en soi, blessants* [d], ou d'écrire *Par hygiène, pour ma santé* [e], elle est une autothérapeutique de l'être. Michaux ne craint pas d'en faire la

---

a. *Passages*, p. 14.
b. *Ecuador*, p. 99.
c. *Cas de folie circulaire*, p. 57.
d. *Epreuves, Exorcismes*, p. 7.
e. *La Nuit remue*, p. 203.

comparaison avec des affections précises quand il parle du recours à la parole chez des malades qui vont *jusqu'à se reconnaître et se faire reconnaître pour Napoléon Iᵉʳ ou Dieu le père et d'une petite fille (qui), en sa vie si morne, veut absolument avoir été violée dans un bois, et qu'il* ajoute aussitôt : *Mes propriétés furent faits ainsi* [a]. Il dit aussi des sept premières années de son enfance :

Indifférence.

Inappétence.

Résistance.

Inintéressé.

Il boude la vie, les jeux, les divertissements et la variation.

Le manger lui répugne.

Les odeurs, les contacts.

Sa moelle ne fait pas de sang.

Son sang n'est pas fou d'oxygène.

Anémie.

Rêves, sans images, sans mots, immobile [b].

Il ne faut pas s'étonner que de nombreux textes évoquent parfois très précisément certains des processus psycho-moteurs propres aux troubles de l'affectivité ou plus simplement aux premiers états d'évolution de l'enfance. La délivrance des monstres épouse la forme des peurs qui les suscitent [7]. Rien n'est plus naturel. Michaux s'observe. Prisonnier de sa vie, il lui reste à la comprendre. Il se délivre par le cri, l'imagination, l'intelligence, il s'élance et se reprend. Jamais le souci de vérité n'a été plus essentiel. La parole est toujours un effort qui

---

a. *La Nuit remue*, p. 203.
b. Robert Bréchon, *op. cit.*, p. 15.

démasque, elle voudrait ici montrer jusqu'à l'être nu et assumer dans un unique élan la connaissance et l'abandon. Michaux est à la fois le savant et le musicien de sa vie.

Il est difficile d'approcher cette œuvre : Michaux, je l'ai dit, parcourt la moitié du chemin. Il trompe son monde au moment même où il l'éclaire. Toute critique d'interprétation doit en tenir compte au risque d'être partielle ou inexacte. On peut se contenter d'une mise en ordre, offrir une lecture, décrire un parcours, sans trop céder à l'induction. On peut aussi, s'attachant à l'homme surtout et se servant de l'œuvre comme miroir d'une subjectivité privilégiée, tenter une critique existentielle. On peut encore aller plus loin et, transgressant la volonté d'autonomie consciente de l'auteur, précipiter l'œuvre tout entière dans l'imaginaire et tenter une approche thématique qui, par l'exercice conjugué d'un déchiffrement scrupuleux et d'une psychanalyse, mette en lumière ses métaphores intérieures et ses reliefs secrets.

On a suivi la première de ces routes [8]. La seconde, surtout si l'on fait trop refluer l'œuvre vers l'homme, convient mieux à un auteur mort qu'à un auteur vivant. Et puis Michaux se montre à la fois plus et moins que d'autres, ses livres affabulent une vie dont on ignore tout. Il faudrait au critique une soumission rare, une sorte de modestie envers le système de l'œuvre. La troisième, malgré la retenue qu'on peut avoir dans le cas de Michaux, serait d'un apport certain. Elle dirait avec rigueur et sensibilité ce qu'une lecture attentive et les approches partielles tentées jusqu'ici n'ont permis que d'entre-

voir. Elle suggérerait dans leur détail les formes,
les mouvements, les pulsions de ces textes, elle
désignerait les images qui les sous-tendent et les
qualités qu'ils expriment. Elle nommerait ce
sentiment nostalgique du moelleux qu'incarne
le royaume élu, le royaume du doux pelage [a],
façon particulière de traduire la fluidité et une
imagination fervente de l'eau qui font de la
mer [b], du fleuve [c] et des sources [d] les lieux privilégiés de l'habitation humaine.

Apparaîtraient la pâte, partout détestée [e], utili-
sée comme une arme [f], l'araignée royale, meur-
trière souveraine [g], le tigre dont on pourrait
rechercher la lointaine origine [9]. Il faudrait dire
l'œil et le visage humain qui hantent tant de
pages, suggérer la maigreur, la faiblesse, la
lâcheté que symbolise peut-être ce muscle que
Michaux appelle *le honteux interne* et dont le
nom le poursuit [h], distinguer l'image du cercle
qui à la fois isole, protège et effraie [i]. Il faudrait
parcourir la route, figurer l'éparpillement et la
concentration, montrer *le phare obsédant de la
peur* [j] et le vent qui secoue l'être tout entier [k].
Il faudrait enfin dresser le complet inventaire
d'innombrables pages multiformes pour arriver
peut-être à reconnaître une image fondamentale,

a. *La Nuit remue*, p. 50.
b. *Epreuves, Exorcismes*, p. 121.
c. *Un Barbare en Asie*, p. 199.
d. *La Nuit remue*, p. 93.
e. *Passages*, p. 113.
f. *Ailleurs*, p. 53.
g. *La Nuit remue*, p. 57.
h. *Ibid.*, p. 113.
i. *Ibid.*, p. 30 ; *Plume*, p. 11.
j. *La Nuit remue*, p. 54.
k. *Plume*, p. 75 ; *Ecuador*, p. 98.

une sorte de matrice où se ferait et déferait la
pensée. Je veux dire la bulle, la sphère et la
boule, si souvent nommée, absente ou présente,
et que Michaux désigne toujours admirablement
comme un vertige nostalgique de calme et d'innocence [10].

Si une telle approche est susceptible d'éclairer
notre recherche, elle la ferait aussi, du moment
qu'on mènerait l'enquête à son terme, se modifier et finir par se perdre. Elle ne peut en même
temps, semble-t-il, qu'ignorer le point de vue,
ici fondamental, de l'auteur en face de son
œuvre et dans son œuvre. Il faut entamer la discussion d'une autre manière et situer l'identité
de l'auteur et de ses écrits non pas comme on
l'entend toujours quand on dit que la vie est
inséparable de l'œuvre, mais selon le rapport
beaucoup plus étroit que j'ai suggéré. Tout ce
qui est écrit sous le nom d'Henri Michaux
concerne directement l'être d'Henri Michaux,
imaginaire aussi bien que réel, dont on ne sait
rien d'autre que ce qu'il nous en dit. Quand je
dis Michaux pour désigner le « je » des textes à
la première personne, je désigne déjà cet être
qui apparaît par l'œuvre et elle seule. Tout est
dans l'œuvre, il ne reste qu'à lire. L'imaginaire
est la distance de soi à soi que veut la recherche
de soi.

Ainsi est-il possible d'ouvrir notre débat, que
Michaux provoque et auquel il permet de
répondre : qu'advient-il de la poésie dans ce
voyage autour de soi-même, cet itinéraire, mort
de Narcisse perpétuellement différée dont
Michaux est à la fois le promoteur et le commen-
tateur, l'auteur et le critique ? En un mot,
qu'est-ce qu'Henri Michaux, que dit cet homme

qu'on appelle poète ? Je vois deux approches. On peut appeler la première existentielle malgré l'ambiguïté un peu provocante du mot. Parlons aussi bien de comportement ou de description puisque le propos est de montrer un être qui se cherche. L'être avance dans le langage et par le langage, la seconde approche ne peut être que linguistique. Rien n'est bien sûr séparable, la quête et le langage s'assurent et se fondent l'un l'autre. Comme sur la mer, il arrivera qu'on regarde tour à tour la crête ou le creux de la vague, mais comment oublier qu'ils ne sont tous deux que le mouvement qui les porte. La présence des textes attesterait, s'il le faut, l'indiscutable unité de la voix d'un homme qui dit et se demande à chaque instant ce que c'est que d'être homme.

ITINÉRAIRE

LE CORPS

Il n'y a rien en nous qui ne passe par le corps
et ne trouve en lui son origine et son chemin.
Le corps est le premier problème, il est cette
réalité toujours connue et inconnue par où le
monde et l'être ensemble sont problème. Ici il
est le médiateur initial de la difficulté d'être.

*J'aurais pourtant voulu être un bon chef de
laboratoire et passer pour avoir bien géré mon
« moi »* [a]. La gestion du corps est toujours
funeste, c'est le premier signe du délaissement.
Le corps est inhabile, assailli, égaré. Par lui le
malheur arrive. On veut le déposer. *Si on pouvait marcher à côté de soi, dit-il souvent, ne plus
occuper son corps, seulement le faire marcher,
ne plus avoir à en porter la charge* [b]. Le corps
est *maudit* [c] mais la plus grande malédiction est
pourtant de n'en pas posséder. Quel effroi lorsque
dans l'escalier *Je rencontrai un monstre. (...)
Point n'avait cet être vraiment un corps* [d]. Et

a. *Plume*, p. 212.
b. *« Portrait d'homme »*, op. cit.
c. *La Nuit remue*, p. 142.
d. *Epreuves, Exorcismes*, p. 108.

*rien pour digérer leur épouvante. Aucun sou-
tien. Pas de corps. Il n'y aura donc jamais personne pour avoir un corps ici* [a]. L'absence du
corps, c'est le plus grand vertige, la souffrance
sans lieu, impossible à nommer. Aucun recours
ne reste, on ne peut plus guérir ni même l'espérer. On a perdu la mesure et le sens. C'est la
crucifixion sans croix, sans clou, sans chair, sans
ordre et sans raison, la douleur toute nue, une
métaphysique absolue de la panique abstraite.

Le corps est dialogue, il incarne autrui et le
monde. Il est l'acteur perpétuel. Il reçoit les
coups, mais il en donne aussi. Sans doute est-ce
pour échapper à l'éternel combat, ce rêve d'une
vie un moment délaissée, loin de *La constellation
des piqûres* [b], au-delà de tout événement, ce
garage impossible de l'être où se défait tout mouvement : *Quand je ne souffre pas, me trouvant
entre deux périodes de souffrance, je vis comme
si je ne vivais pas. Loin d'être un individu
chargé d'os, de muscles, de chair, d'organes, de
mémoire, de desseins, je me croirais volontiers,
tant mon sentiment de la vie est faible et indéter-
miné, un unicellulaire microscopique, pendu à
un fil et voguant à la dérive entre ciel et terre,
dans un espace incirconscrit, poussé par des
vents, et encore, pas nettement* [c]. Le corps
échappe à la vie, l'être à lui-même. Tout est bon
à qui veut s'évader. Les songes singuliers
s'ébauchent, on évoque d'impossibles fusions.
*Ah ! s'il était possible d'être un jour dans le
corps d'un autre* [d].

a. *La Nuit remue*, p. 46.
b. *La Vie dans les plis*, p. 49.
c. *Ibid.*, p. 110.
d. *Passages*, p. 106.

On ne s'échappe pas. L'être est renvoyé à son corps, le corps à lui-même, il est voué à sa vie multiforme. Il se rêve, se commente, s'adonne dans les entre-temps de l'échec à sa propre solitude. Condamné à lui-même, il ne peut se connaître, instable, ignorant ses limites et ses formes. L'être s'étale, il a perdu toutes amarres. Il n'a aucun repère, rien qui l'accroche à soi. Le centre se dérobe, il n'y a nulle part de centre, on le recherche avidement, rien ne peut y conduire. Aucun dialogue n'est possible. Le corps essaie de se trouver, jamais il ne parvient à se constituer. Il tente d'être corps, l'être ne cesse d'errer en lui-même dans le retirement. *Ainsi je circulais en angoisse dans mon corps affolé, excitant des chocs, des arrêts, des plaintes. J'éveillai les reins, et ils eurent mal. Je réveillai le côlon, il pinça ; le cœur, il dégaina. Je me dévêtais la nuit, et dans les tremblements j'inspectais ma peau, dans l'attente du mal qui allait la crever* [a]. On n'est plus jamais un. Le corps devient lieu de différence et de discorde, l'être se cherche et s'égare. Clos sur soi, il est toujours en défaut. Ce n'est pas dire assez que le corps échappe ; il n'est jamais : on le nomme, il existe comme conscience, se définit comme projet, mais il ne parvient pas à se réaliser, à assurer le mouvement qui est la réalité de son autonomie. Affronté à autrui, à l'horizon du monde, l'être montre sa peur, manifeste sa haine, et ainsi rejeté dans son corps avec plus de violence et de fatalité, il finit par ne plus jamais le retrouver et s'y perdre toujours.

Le corps est multiple, infiniment divers et

a. *La Vie dans les plis*, p. 152.

jamais réuni. Si l'Hindou fascine autant
Michaux, c'est que l'ordre où il vit permet d'assurer la multiplicité dans l'unité, et l'harmonie
au plus lointain repli de l'être. *Pour eux,
l'homme n'a pas deux bras. Il en a huit : il en
a seize, il en a vingt, il est tout entier percé de
bras* [a]. Et pourtant il est *quelque part en soi* [b],
en son centre. Il ne s'éprouve pas comme
Michaux un exilé de l'intérieur.

La dispersion est reine, la circulation infinie.
*Il y a un endroit en son corps où l'on vit de pré-
férence. Pas le même chez tous. C'est naturel.
Mais il est naturel à beaucoup d'aimer se tenir
dans leur tête. Ils circulent, bien sûr, redes-
cendent, vont d'organe à organe, de-ci, de-là,
mais ils aiment retourner souvent dans leur
tête* [c]. Le corps trahit, cela est dit littéralement [d],
jamais ne cessent *les mouvements de l'être intérieur*, comme si penché au bord de lui-même
l'homme contemplait des actions auxquelles il
n'a aucune part et dont pourtant il souffre : *il se
lance à une vitesse de flèche, il rentre ensuite
comme une taupe, il a d'infinies hibernations de
marmotte* [e]. Le corps entre en folie, comme une
nef sans nautonier. Des larves gesticulantes
l'envahissent soudain, le désertent aussi vite,
reviennent aussitôt. C'est une obscure agitation.
Il a même sa vue. *Après ma troisième rechute,
je vis par la vue intérieure mon cerveau gluant
et en replis, je vis microscopiquement ses lobes
et ses centres dont presque aucun ne fonction-*

a. *Un Barbare en Asie*, p. 29.
b. *Ibid.*, p. 17.
c. *La Vie dans les plis*, p. 77.
d. *Labyrinthes*, p. 29.
e. *Plume*, p. 131.

nait plus et je m'attendais plutôt à voir pus ou tumeur s'y former [a].

Aucune individuation ne semble devenue impossible. Le corps se dissocie. C'est le moment des grandes lassitudes. Déjà dans *Qui je fus* deux courts fragments aux titres symboliques présageaient la série innombrable des accidents futurs. *Fatigue I : Il allait lentement, le plus lentement possible, pour que son âme pût éventuellement rattraper son corps. Fatigue II : Oui, il faut se méfier des grandes fatigues. Une fatigue, c'est le bloc « moi » qui s'effrite. Comprenez-le bien. On arrive ainsi à se perdre l'âme par bribes et par morceaux* [b]. L'être est cassé, comme un jouet d'enfant. J'imagine toujours, à lire Michaux, de grandes poupées disloquées. Tout est fragment, lambeau, une vie parcellaire s'instaure. On assiste à d'étranges autonomies, follement naturelles. Dans un des courts essais qu'il consacra au rêve, Michaux évoque ainsi un grand morceau d'homme qui dort et un petit qui demeure éveillé. Il ajoute même, parlant d'une jambe : *elle ne réfléchit pas comme un homme. Elle réfléchit comme une jambe. (...) Elle n'a pas d'émotions d'homme. Elle a des émotions de jambe* [c]. Ailleurs la respiration *vient de conquérir son indépendance ou presque* [d], un pied soudain s'allonge démesurément, allant parfois jusqu'à une trentaine de mètres [e], une mère agrippe sa fille et on ne voit guère que son bras [f]. Quant

a. *Epreuves, Exorcismes*, p. 101.
b. *Qui je fus*, pp. 33-34.
c. *Les Rêves et la jambe*, pp. 11-12.
d. *Face aux verrous*, p. 94.
e. *La Vie dans les plis*, p. 75.
f. *Plume*, p. 180.

à un autre, *Il devait retenir son œil avec du mas-tic. Quand on en est là* [a]... Parfois un grand frisson de bonheur emplit l'être, mais c'est encore pour témoigner d'une dislocation dont rien ne semble devoir triompher : *Peut-être bien, me parcourant dans toutes mes parties, demande-t-il au passage à celles-ci : « Hé bien? ça va? Est-ce que je peux faire quelque chose pour vous ici? » C'est possible, et qu'il les réconforte à sa façon. Mais je ne suis pas mis au courant* [b].

L'être défait par excellence, c'est le Meidosem. On lui a même donné un nom particulier. *Trente-quatre lances enchevêtrées peuvent-elles composer un être? Oui, un Meidosem* [c]. Il symbolise le désarroi de la constitution et une angoisse du corps qui se répète à n'en plus finir. *Ils ont détruit son un* [c]. Que l'être, quand le sang tourne en poison, se fasse tout entier béton [d], qu'il aille *toujours diminuant jusqu'à n'être plus que l'orteil de lui-même* [e], qu'il soit *transporté sans transition à l'atelier de démolition* [f], qu'il ait *des genoux au bout des pieds* ou perdu *la main de son bras* [g], ou que, comme chez les Ourgouilles, il soit tout entier *digéré et évacué au fur et à mesure par son propre intestin* [h], toujours son corps est dissocié, brisé, rejeté dans une totale séparation du monde et de lui-même.

Cette première description permet déjà de

a. *Face aux verrous*, p. 57.
b. *La Nuit remue*, p. 111.
c. *La Vie dans les plis*, p. 130.
d. *La Nuit remue*, p. 110.
e. *Qui je fus*, p. 19.
f. *La Vie dans les plis*, p. 72.
g. *Plume*, pp. 41-43.
h. *Ailleurs*, p. 121.

constater l'interférence continuelle entre le vécu de la mythologie et la mythologie du vécu et d'observer leur conjonction dans l'imaginaire du langage. Beaucoup de ces dissociations physiques possèdent en effet un caractère fantastique, même si l'usage de la première personne du singulier implique un témoignage de l'auteur. Or certaines évocations du corps dans la maladie et le sommeil, qui relèvent expressément de la confession directe puisqu'elles figurent dans un journal de voyage ou un recueil d'impressions, accusent un caractère encore sensible de fantastique et tendent toujours à transgresser l'ordre de la réalité objective. Michaux décrit les effets causés par les moustiques dans une hacienda de Puembo ; il suffirait de supprimer un *comme* encore présent pour se retrouver parmi les monstres : *Votre figure se mamelonne, un grand mal de tête, le corps bat la fièvre... On est tout fléchissant, comme prêt à se rompre, comme s'il n'avait plus ni fibre ni rien qui pût tenir joints le haut du corps et le bas* [a]. Ailleurs la maladie, qu'on peut cette fois penser fictive, au nom toujours d'une certaine objectivité, s'adresse ainsi à l'homme : *Malheureusement, disait-elle, ne sais-tu pas que tes reins, ennemis sûrs, se corrompent, te mettent à partir de maintenant la mort au lit avec toi. Tu sauras plus tard mon nom, mais le bec de l'oiseau urinaire en toi commence à piquer et tu paieras cher le petit peu que tu as eu* [b]. On pourrait lier ces phrases, je ne crois pas qu'entre elles on puisse voir beaucoup de dissemblance. Michaux consacre plusieurs

a. *Ecuador*, p. 96.
b. *Labyrinthes*, p. 9.

pages à décrire son corps à l'heure du réveil, le
comme est presque oublié au profit d'une évocation naturelle de la fragmentation, des forces et
des espaces contraires, très proche de tout ce que
j'ai donné jusqu'ici comme exemples. Les
images sont les mêmes, le vocabulaire aussi, et
surtout cette évidence de ton qui fonde aussitôt
la crédibilité en un monde autonome et fait disparaître toute autorité rationnelle. Il n'y a pas
toujours, il ne peut y avoir fusion complète de
l'invention et de la relation, mais leur contamination perpétuelle et réciproque obéit à une seule
injonction : Henri Michaux à la recherche exclusive de soi. Un seul sujet l'occupe, son être,
l'être, et toujours il semble commenter la très
belle parole de l'homme du lointain. *Il m'est
presque impossible à présent de douter. Sûre-
ment, il doit y avoir autre chose qu'accidents.
J'en ai la quasi-certitude. Il doit y avoir de l'être.
Même moi, il faut assurément que je sois* [a].

Le corps incarne cette quête tragique. On dirait
que le monde est réduit à l'espace d'une peau
en souffrance, que tout effort pour accéder à une
altérité est voué à l'échec, parfois même ignoré.
Quelle usine [b], voilà ce que l'homme peut dire
de son corps, ce que Michaux révèle et apprend
de son être. Faisant de la poterie, on est aussi la
matière, et on se creuse ainsi soi-même ; on fait
tourner un disque et on devient le disque, l'ai-
guille vous labourant le crâne, allant jusqu'au
genou. *Quel drôle de Narcisse je fais : je me
scalpe. Je m'écorche. Des pieds à la tête, des
pieds au front, que je m'arrache comme une*

a. *Face aux verrous*, p. 176.
b. *La Vie dans les plis*, p. 111.

souffrante pelure. Ainsi je me martyrise. Pour-
quoi ? Besoin d'activité. Que faire alors ? Je
m'écorche. Je n'ai pas l'imagination du
bonheur. Et pourquoi moi ? Il ne me vient pas
à l'esprit d'en écorcher un autre que moi. Il fau-
drait y songer peut-être [a]. On pourrait croire que
le corps vive pour soi et par soi, et que hors de
toute atteinte il s'abandonne à la solitude de son
propre destin. Il n'existe pas de corps solitaire
et un tel dénuement n'est que le signe renouvelé
d'une défaite. Cette impossibilité pour le corps
d'accéder à lui-même, de fonder une harmonie
qui conjure son infini déchirement, elle trouve
son sens dans un abîme ouvert entre soi et
autrui, entre soi et le monde. Il y a chez Michaux
un sentiment originel de la séparation, quelque
chose comme le péché d'être. Cette intuition
vivace et douloureuse trouve un écho constant
dans ses livres où s'esquisse une carte féroce de
l'intersubjectivité ; inhumaine ou trop humaine
selon qu'on cède à son émoi ou à la vérité [11].
Innombrables sont les textes qui ont trait à l'enfance, aux rapports familiaux, les *fables des ori-*
gines : admirable lucidité quand on sait combien
les relations avec autrui dans les premières
années de l'enfance comptent pour la constitution du corps [12]. Tout passe par le corps, il est
depuis toujours la pyramide d'être, l'affrontement et l'ouverture béante sur la vie. *Le mal,*
c'est le rythme des autres [b] : phrase terrible
venue de la peur et que l'exorcisme révèle dans
son effarante nudité. La peur se découvre dans
l'agression et le retrait, elle s'incarne surtout

a. *La Vie dans les plis*, p. 112.
b. *Passages*, p. 135.

dans ce qui fonde le plus vivement le rapport inter-humain, je veux dire le visage.

Le visage

Il n'y a pas de royaume interdit. L'être a regard sur le monde, on a prise sur lui. Le visage de l'autre est une blessure par où la force s'échappe. *Le visage d'un homme, d'une femme me donne presque toujours un coup de Jarnac, un coup profond en mes œuvres vives* [a]. On ne sait où il frappe ni comment. Au pays de la magie, la rencontre de certains êtres provoque la plus mortelle des fatigues :

Visages-canons !

Visages toujours braqués, visages toujours tonnants.

Eviter ceux qui ont le visage-canon [b].

Ils ne sont pas coupables du mal qu'ils provoquent. Il y a toujours de l'être, on ne peut échapper à sa propre présence. Pour pouvoir entrer dans une ville indienne, *Il nous fallut d'abord (…) payer l'impôt du visage* [c], pour qui mène *une excessive vie faciale* [d] il n'y a pas d'innocence. Une agression semble toujours possible, l'incertitude et la peur donnent son sens à cette réflexion amère : *Comme on détesterait moins les hommes s'ils ne portaient pas tous figure* [e].

Ainsi tout ce qui touche aux transformations

a. *Passages*, p. 90.
b. *Ailleurs*, p. 219.
c. *Ecuador*, p. 36.
d. *Passages*, p. 87.
e. *Face aux verrous*, p. 42.

du visage revêt-il une importance particulière. Il
est la parure de l'être, la part la plus visible du
dialogue. *Nous allons entreprendre de nouveaux
visages. Nous les repensons, mais avec force,
avec une force qui les « reforme » selon l'appel
véritable de leur être*[a]. On sent dans le visage
une telle exigence qu'on lui accorde presque une
vie autonome. Michaux découvre ainsi plusieurs
mois après le sens jusque-là demeuré obscur
d'un dessin où *Un visage assoiffé d'arriver à la
surface part du profond de l'abdomen, envahit
la cage thoracique*[b]. L'homme veut posséder un
visage, le visage aspire à prendre forme, à devenir lui-même, mais un danger toujours le guette.
Il est une chair mise à nu sur quoi tout a pouvoir. Il ne doit pas donner prise au vautour qui
cherche à se poser et Michaux parle durement de
*ces hommes qui se croient quelque chose et
même quelqu'un et n'ont pas même su défendre
leur face*[c]. On comprendra que le châtiment le
plus grave est celui qu'au pays de la magie on
inflige aux malfaiteurs. Le mage bourreau leur
arrache le visage. Il est essentiel que l'opération
se passe de toute prise physique. On ne touche ni
n'effleure *la figure à retirer*[d]. L'acte est
magique, il demande volonté et force spirituelle.
C'est une prise d'être. Son visage arraché,
l'homme a perdu son être.

Ce qu'il y a de plus terrible, c'est la mécon-
naissance de son propre visage. Comment appré-
cier son échappée sur le monde ? Le miroir ne
renvoie qu'une image solitaire et Michaux dit

a. *Face aux verrous*, p. 106.
b. *La Nuit remue*, p. 40.
c. *Epreuves, Exorcismes*, p. 114.
d. *Ailleurs*, p. 181.

combien il lui est peu utile. La terrible facilité
qui le conduit à s'égarer dans les visages étrangers est le signe le plus tangible de la séparation :
seul le dialogue avec le visage des autres fait
espérer d'un jour apercevoir le sien. Si l'être est
dépossédé quand s'enfuit le visage où il se repo-
sait comme en un recours désespéré pour enfin
se saisir, c'est qu'il n'y a en lui rien d'assuré
quant à sa propre identité [13]. L'instruction du
regard qui est la preuve la plus belle du lien
inter-humain est ici défaite, elle s'abîme dans
l'immanence d'un quotidien où jamais la suite
des instants ne se transmue en grâce. Il y a
pourtant un bonheur du visage dans cette œuvre.
Je pense à ce tournoiement de visages de jeunes
filles qui provoque des adjectifs lourds d'émotion
— fragile, irradiant, mystérieux, musical [a] — ou
à une phrase qui évoque *le cadeau royal d'un
visage de jeune fille tendre à l'œil lumineux* [b].
Mais il n'y faut pas songer, ajoute Michaux.
Ainsi la nostalgie toujours se fait sentir, on
devine une présence sourde que trouent parfois
de brefs éclairs, et c'est un peu l'aspiration aux
vraies rencontres qui suscite la réflexion inverse
où perce la déroute devant la quête éventuelle et
hasardeuse d'autrui : *Qui sait aussi avec quel
étrange des miens, ce visage d'en face se
confronte en moi en tâtonnant et cherchant à
être compris* [c] ? Les visages se chevauchent, dans
le rapt ou la fuite. Et c'est une fascination éper-
due devant ce qu'il y a dans le visage humain de
plus irréductiblement vivant, l'œil.

a. *Passages*, pp. 55-60.
b. *Ibid.*, p. 167.
c. *Ibid.*, p. 90.

L'œil

Il est multiple également, et les *yeux de lampe très douce* [a], *les yeux pleins d'Angleterre et de rêve* [b] ne sont ici que notes fugitives. Les yeux vivent la vie effrayante de la diversité humaine. *Là, je vis les véritables yeux des créatures, tous, d'un coup ; enfin* [c] *!* Il y a peu d'énumérations aussi hallucinantes que cette soudaine parade d'yeux. La *perpétuelle fièvre de visages* [d] devient fièvre des yeux : *Et ils se mirent à bouger, car ils étaient devenus autonomes* [e]. L'homme se trouve à cet instant résumé dans son œil, cette part mouvante de lui-même. Quoi de plus bouleversant que la multiplicité des yeux, ce grouillement où le regard se perd et s'effare. On sent dans ce texte dont rien ne peut rendre la palpitation folle et l'humour désolé, un effroi d'une densité rare. L'assaut des yeux est celui infini des personnes humaines. Michaux ne manque jamais de souligner les dissemblances, comme pour les conjurer : *Le nègre a dans la tête une étrange expression. Comme les orangs-outangs. Et les orangs ont des yeux très humains. Le nègre : une eau dans la figure, c'est son œil. Les blancs paraissent avoir dans les yeux un noyau plus ou moins grand suivant les individus. Ce noyau jamais ne se dissout en regard. Il est la marque du secret, du phénomène cérébral, de la*

a. *La Nuit remue,* p. 185.
b. *Ecuador,* p. 100.
c. *La Nuit remue,* p. 170.
d. *Passages,* p. 87.
e. *La Nuit remue,* p. 170.

réflexion insoluble en physionomie [a]. Si dans
l'individu quelque chose parle, manifestant une
autonomie que l'on n'attendait pas, on l'appel-
lera œil. Ainsi les Malais *s'assoient face à leur
maison, le dos à la route, comme s'ils avaient
un œil dans les épaules* [b]. Comment s'étonner
alors que deux livres consacrés à Michaux
portent sur la couverture, le premier un visage
écrasé, qui fait penser à l'atroce caillot croûteux
des malfaiteurs au pays de la magie, et dont seul
un œil presque englouti dans l'informe témoigne
encore d'un reste de présence, le second, un
œil unique, démesurément ouvert, fixe et inqui-
siteur, comme si le rapport de l'être au monde
se résolvait dans ce double possible, un regard
enfoui, un regard couteau.

Ainsi rien n'est comparable à la perte du
regard. Dans l'effacement de l'être, c'est le
moment de l'ultime défaite. *On n'a plus le regard
de son œil* [c]. Ailleurs on se demande : *Qui dira
le poids des regards dans la vie* [d] ? Au pays des
Meidosems les têtes se précipitent *par tout ce qui
peut recevoir l'appareil à regarder* [e]. Enfin, dans
la difficulté la plus intense, pour les *personnages
qui tremblent de perdre leur être* [f], il n'est pas
étonnant que même les genoux cherchent à voir.
L'œil est partout, blessure et vie, le regard est le
mouvement même de l'être, ce qui institue le
plus visiblement l'espace comme relation.

a. *Ecuador*, p. 26.
b. *Un Barbare en Asie*, p. 224.
c. *Plume*, p. 43.
d. *La Vie dans les plis*, p. 90 (*L'œil.*)
e. *Ibid.*, p. 193.
f. *La Nuit remue*, p. 41.

L'ESPACE

Le corps, le visage, le regard sont dans l'espace, ils fondent aussi la réalité de l'espace. La contrée secrète que Michaux nomme *le retrait de moi-même* [a], le corps y perpétue une souffrance lovée qui est une maladie de l'espace. *Vous ne pouvez concevoir cet horrible en dedans-en dehors qu'est le vrai espace* [b]. L'être est mal dans son corps, il perd la source spontanée des gestes et doute enfin de son identité. *L'habitude qui me lie à mes membres tout à coup n'est plus. L'espace s'étend (celui de mon corps ?)* [c]. Ainsi, au pays de la magie, la perte de l'horizon. Quand le mage fait au voyageur — à ce je itinérant qui parcourt les contrées de la différence — une telle proposition, celui-ci ne peut croire qu'à une plaisanterie familière. Le mage retire alors l'horizon et l'angoisse est telle que le voyageur n'ose plus faire un pas. Il se trouve pourtant près de la mer dont on sait l'influence bénéfique, mais rien ne peut permettre d'assumer une aussi radicale négation de soi-même. *Une sensation intolérable m'avait envahi, qu'à présent même je n'ose évoquer* [d]. L'espace abrite la vision, sous-tend l'expérience concrète, il est le projet de chaque instant, l'enveloppe de sens, le lieu de clivage du visible et de l'invisible. *Notre espace, pour qui a cessé d'y être aveugle, est plein de signaux, de points d'attirance, de zones fortes, de zones*

a. *Epreuves, Exorcismes*, p. 27.
b. *Face aux verrous*, p. 190.
c. *La Vie dans les plis*, p. 49.
d. *Ailleurs*, p. 209.

faibles, de piqûres, de messages [a]. C'est là l'espace aux ombres, mais peu importe à qui est devenu ombre. Il faut surtout n'avoir pas à s'écrier : *Oh espace, espace abstrait* [b], comme si soudain se dérobait la vie.

L'essentiel est d'avoir une route à parcourir. *Qui se trouve au royaume de cendre plus de chemin ne trouve* [c]. Pour mesurer l'espace, pour exercer ce métier d'arpenteur instinctif qui est le sort commun, on doit trouver une frontière, des bornes, un terrain. Dans *Mes Propriétés* les êtres disparaissaient car l'espace était nu [d]. Il faut ancrer l'espace, c'est-à-dire trouver pour l'être un habitat, il faut forger un équilibre, assurer un va-et-vient constant de soi-même à autrui et au monde. Le vœu est d'une simplicité qui le rend étrangement touchant. *J'espère peut-être pouvoir m'adresser à un être, ou qu'un être viendra à moi* [e]. Jamais comme les Goulares il ne faut chercher à dissocier l'enthousiasme de son objet. Car à trop éviter le monde, on finit par s'éviter soi-même. Tel est l'enseignement de la *fièvre de loup* des Goulares [f].

C'est pourquoi il y a tant de repères et de lieux dans cette œuvre. L'être toujours se situe, cherche à définir sa position géographique, comme ferait un bateau. Tout ce qui dans le matériel linguistique et les fonctions grammaticales peut servir à indiquer le lieu trouve un usage constant. Le plus abstrait se matérialise

a. *Face aux verrous*, p. 193.
b. *Ibid.*, p. 221.
c. *La Nuit remue*, p. 50.
d. *Ibid.*, p. 125.
e. *Plume*, p. 14.
f. *Ailleurs*, p. 116.

en termes locatifs. *Ici l'ambitieux pointu est particulièrement redouté (...). On lui cassera sa pointe* [a]. L'homme s'oriente et cherche à savoir l'heure, il définit sa place. Après plusieurs jours d'Océan, Michaux se demande soudain : *Mais où est-il donc ce voyage* [b] *?* Une situation peut sembler irréelle, elle est toujours décrite avec beaucoup de soin. La précision inattendue, le détail révélateur, le naturel de la description sont chez Michaux constants. Il raconte dans le temps et l'espace [14]. Toute action possède ses déterminations, toute émotion se situe dans le cadre d'une spatialité vécue, fût-ce comme chez les Meidosems de la manière la plus imprécise : *Et pendant qu'il la regarde, il lui fait un enfant d'âme* [c]. On dira pareillement d'un obus qu'*il n'est parti que de sa marche d'âme* [d]. Tout mouvement s'intègre dans le cadre d'une expérience physique parfaitement objectivable, même si l'imagination qui la suscite paraît souvent incongrue ou extrême. Ainsi, *de monstres en monstres, de chenilles en larves géantes, j'allais me raccrochant* [e]. Je pense aussi à une très belle anecdote où se combinent parfaitement l'évidence de la description et le sens tacite, l'explicite et l'implicite. La parole de Michaux est toujours parabole et le clivage s'opère en grande partie par un naturel de l'espace. Nous sommes dans un cinéma. Un personnage secondaire, une femme le plus souvent, que son action dans le film n'occupe qu'à moitié, cherche du regard

a. *Ailleurs*, p. 52.
b. *Ecuador*, p. 16.
c. *La Vie dans les plis*, p. 126.
d. *Ibid.*, p. 136.
e. *Epreuves, Exorcismes*, p. 102.

un spectateur — toujours ce même je, voyageur, arpenteur, sujet d'expérience, personne métaphysique, l'être en un mot —, enfoui dans l'obscurité de la salle. *J'ai beau me mettre sur les bas-côtés, à demi masqué par une colonne, si j'en trouve une, je ne puis quand même pas cacher mes yeux dont j'ai besoin, et dont elle maintenant a besoin, pour sa tristesse à partager, pour le sauvetage de sa vie gâchée, qui va gâcher la mienne si je ne fais rien, si je ne me lève... mais je me lève, elle dévale vers moi, je cours vers la porte et me rue dans la foule du dehors* [a]. Le double espace de la toile et de la salle empêche seul l'agresseur d'atteindre sa victime qui s'enfonce précipitamment dans la confusion du métro.

Toutes les formes de l'aventure personnelle se déroulent ainsi dans leur vie multiforme et précise, obéissant à l'injonction de cette remarque qui dans son étonnante logique délivre tous les doubles et toutes les métamorphoses : *Si votre âme s'en va quand vous êtes debout, ou assis, ou les genoux ployés, ou les coudes, pour chaque position corporelle différente l'âme partira avec une démarche et une forme différentes* [b].

LES DOUBLES

L'expérience de l'espace est à la racine de l'expérience de l'être. La vérité se dévoile dans le pouvoir de parcourir. Ainsi une route, à l'écart d'un village, semble ne mener nulle part et finit

a. *Face aux verrous*, p. 141.
b. *La Nuit remue*, p. 108.

en l'air comme un chemin de traverse. *Vous pouvez toutefois y voir faisant en vous un déférent silence, votre double, vos erreurs, votre passé et le trajet même de votre vie* [a]. Comme toujours, Michaux jette le mot. Le double est sur le trajet de la vie une perpétuelle présence. Il n'a rien d'une création arbitraire, d'une fantaisie capricieuse de l'imagination. Il est une distance matérialisée, une vérité ontologique, la figure autour de laquelle l'œuvre s'enroule et se déroule. Le double se tient au berceau de l'être, il est la forme multipliée de la présence au monde. Il participe à la difficulté de vivre, c'est pourquoi dès qu'on rêve de magie, quand s'ouvrent les royaumes illusoires de l'ailleurs, on lui assigne un destin différent. *La plupart des gens, ce qu'ils font de plus clair, c'est de ronger leur double. Au pays des mages, ce n'est point autorisé, on vous les châtie sévèrement, il faut bien qu'ils s'amendent au plus tôt* [b]. Le double incarne la scission de soi-même, il montre à l'être son visage, l'erreur et le passé douloureux de sa propre aventure. C'est *La vie double*. Un ennemi a grandi dans l'être, fait des matériaux rejetés pendant de longues années de tout ce que la vie apporte, dans les voyages, les études et la suite des jours. *Je nourrissais en moi un ennemi toujours plus fort et plus j'éliminais de moi ce qui m'était contraire, plus je lui donnais force et appui et nourriture pour le lendemain* [c]. Le mouvement est irréversible, il a suffi d'un peu d'incurie, mais comment être toujours attentif à soi lorsque la vie entraîne ? Le double, cet

a. *Labyrinthes*, p. 42.
b. *Ailleurs*, p. 172.
c. *Epreuves, Exorcismes*, p. 120.

adversaire, ce regard étranger, accompagne l'être.
*Voici où en sont les choses, les tristes choses,
les tristes choses d'à présent, récolte toujours
bifide d'une vie double pour ne pas m'en être
aperçu à temps* [a]. Le dessin qui illustre *La vie
double* montre une sorte de Janus défait, dont
le malheur effrite les deux faces. Les yeux, très
perdus, semblent faire un effort violent pour
arracher une forme à l'invisible. L'ensemble est
noyé dans le blanc [b]. Le double accuse la séparation avec le monde en incarnant la séparation
d'avec soi, il signifie la part d'échec dans la relation à autrui et au monde. La vie dans l'être est
mal ancrée, l'homme éprouve le malheur dans
son corps. Le double nomme les pertes d'unité.
On n'est pas seul dans sa peau, Michaux le redit
à n'en plus finir. Le corps est un observateur
observé, il tient ses rôles multiples et les acteurs
se dévisagent. Sur le fil de la vie, le danseur de
corde assure ses diverses positions d'équilibre.
Le corps est la part visible de l'existence, et la
première énigme. Le double éclaire l'énigme et
la relance, il projette sur l'être la lumière crue
des vérités sensibles : c'est un homme qui
s'ouvre et du sens qui naît.

Je songe par exemple aux observations sur
l'homme gauche. Les premières datent de 1950.
Elles traduisent une étonnante intuition de soi
et de la réalité secrète de son corps. *Il y a un
homme gauche qui ne veut rien savoir de mon
homme droit* [c], il est une part plus obscure de
l'être et semble instituer une autre distance
envers les gestes et la conscience, il est un autre,

a. *Epreuves, Exorcismes*, p. 120.
b. *Peintures et Dessins*, 23e dessin.
c. *Passages*, p. 139.

un double. Les secondes observations sont posté-
rieures à 1957, après qu'une fracture du coude
droit, suivie d'ostéoporose, ait interdit à Michaux
pendant plusieurs semaines l'usage de sa main
droite. La *découverte de l'homme gauche* [a] due
cette fois à un accident physique ne fait que
continuer l'intuition de l'esprit et de la sensibilité. Les mots sont les mêmes. *Celui qui est le*
gauche de moi, qui jamais dans sa vie n'a été le
premier, qui toujours vécut en repli et à présent
seul me reste, ce placide, je ne cessais de tourner
autour, ne finissant pas de l'observer avec sur-
prise, moi, frère de Moi [b]. On se découvre un
abîme peuplé. Une petite phrase transparente, à
l'allure tranquille et un peu atroce, dit très bien
la scission et l'unité de l'être. *Nous sommes tou-*
jours trois dans cette galère. Deux pour tenir la
conversation et moi pour ramer [c]. L'homme
connaît la vie multiple, il est à lui-même une
infinité d'êtres. On a toujours en soi un autre
pour questionner et pour répondre.

Il est venu avec les pluies, mon camarade,
celui qu'on dit que chacun a dans son dos.

Il est venu avec les pluies, triste et il ne s'est
pas encore séché.

J'ai pris quelques départs depuis ; j'ai abordé
quelques rivages nouveaux. Mais je n'ai pu le
désattrister. Je me lasse à présent. Mes forces,
mes dernières forces... Son vêtement mouillé —
ou est-ce déjà le mien ? — me fait tressaillir. Il
va falloir rentrer [d].

Cette admirable clairvoyance est le signe d'une

a. Robert Bréchon, *op. cit.* p. 23.
b. « *Bras cassé* » *Tel Quel* (Printemps 1962).
c. *La Nuit remue*, p. 10.
d. *La Vie dans les plis*, p. 241.

solitude. On lit partout chez Michaux un sentiment aigu de la différence. Il s'éprouve autre,
retranché, et se retourne avec évidence contre qui
le condamne à un tel abandon. C'est le temps de
la haine et de l'agression. Mais à frapper le
monde on ne s'épargne pas. On ne sait où commence et finit cette lutte incessante où la lucidité
et la fureur s'opposent jusqu'à ne plus pouvoir
se distinguer, une lutte qui devient la vie même
avec sa turbulence et ses métamorphoses. Il passe
dans cette œuvre une colère inouïe. L'être rejeté
se défend par la rage, il est en même temps un
bourreau pour autrui, un bourreau pour lui-
même.

> *La haine est toujours dure,*
> *Frappe les autres,*
> *Mais racle ainsi son homme à l'intérieur conti-*
> *nuellement.*
> *C'est l'envers de la haine.*
> *Et point de remède. Point de remède* [a].

L'AGRESSION

On a dit — c'est même ce qu'on a le mieux
dit — combien Michaux montrait de refus, de
violence et de brutalité, combien ce « je », son
plus proche complice, exerçait ses représailles,
tel un prince barbare. *Il y a haine en moi, forte
et de date ancienne* [b]. Cela est dit sans fard, l'être
a un seul but : s'arracher à ses chaînes, com-
battre, se venger. *J'adore me lancer de plein
fouet sur l'armoire à glace. Je frappe, je frappe,*

a. *Ecuador*, p. 100.
b. *La Nuit remue*, p. 188.

je frappe, j'éventre, j'ai des satisfactions surhumaines, je dépasse sans effort la rage et l'élan des grands carnivores et des oiseaux de proie, j'ai un emportement au-delà des comparaisons [a]. Il affirme son agressivité avec une simplicité peu commune : *Je peux rarement voir quelqu'un sans le battre* [b]. C'est le texte entier qu'il faudrait citer pour bien situer cette fureur qui dans un restaurant lui fait saisir un individu qui mange en face de lui, le pendre au porte-manteau, l'étouffer, le serrer, enfin le *résumer* pour l'introduire dans son verre et finir par le jeter au sol. Les rapports avec les femmes sont moins brutaux, mais de nature assez semblable. Si *ses oreilles sont laides et grandes ou son nez, je les lui enlève avec ses vêtements et les mets sous le lit qu'elle retrouve en partant ; je ne garde que ce qui me plaît* [c]. L'être est toujours sur le qui-vive et prêt à regagner *son poste de combat* [d]. La colère est fondamentale, elle possède surtout un naturel incroyable. *J'ai déjà dit que dans la rue je me battais avec tout le monde, je gifle l'un, je prends les seins des femmes, et me servant de mon pied comme d'un tentacule, je mets la panique dans les voitures du Métropolitain* [e]. Le combat avec son Roi signifie superbement une volonté de destruction qui met en œuvre tout ce qui peut le plus blesser, meurtrir et défigurer. La rage ne connaît pas de bornes. Les bras œuvrent furieusement dans la nuit, rien ne symbolise mieux cette soif permanente d'attaque.

a. *Plume*, p. 15.
b. *La Nuit remue*, p. 104.
c. *Ibid.*, p. 105.
d. *Ibid.*, p. 117.
e. *Ibid.*, p. 117.

Mes draps pour ainsi dire ne sont jamais blancs.
Heureusement que le sang sèche vite. Comment
dormirais-je sinon ?

Mes bras égarés plongent de tous côtés dans
des ventres, dans des poitrines ; dans les organes
qu'on dit secrets (secrets pour quelques-uns).
Mes bras rapportent toujours, mes bons bras
ivres. Je ne sais pas toujours quoi, un morceau
de foie, des pièces de poumon, je confonds tout,
pourvu que ce soit chaud, humide et plein de
sang [a].

Il est rare pourtant que cette frénésie que
Michaux compare à *une sorte d'endosmose* [15]
s'abandonne innocemment à elle-même. Toujours, elle finit par s'accompagner de regret, de
lassitude, et s'emplit d'une sourde désespérance.
Mon salut est dans l'hostilité. Le difficile est de
la garder. Il me faut me recueillir souvent, pour
retrouver le voltage. Mes accus, il y en a de meil-
leurs [b]. Il *cherche un être à envahir, à pirater,*
mais il l'appelle *mon autre pôle* [c], c'est dire à
quel point le meurtre des autres se retourne
contre lui et quelle ambivalence recouvre cette
sourde lutte. Il l'avoue en contant comment le
jour de ses noces on peut mettre sa femme à
tremper pour la nuit : *Quant à moi, ayant*
encore plus mal dans le corps des autres que dans
le mien, j'ai dû y renoncer rapidement [d]. Ce mal
dans son corps, c'est la vengeance d'autrui. Les
attaques et les métamorphoses de l'être ont brisé
l'harmonie, aucune paix n'est plus possible.

Voilà ce que suggère la très belle parabole du

a. *La Nuit remue*, p. 11.
b. *Passages*, p. 105.
c. *Plume*, p. 99.
d. *La Nuit remue*, p. **32**.

Maître de Ho. Dès qu'on ne lutte plus, on devient soi-même objet de la lutte. Il n'y a pas de répit. Si l'être ne défait pas les forces qui s'avancent vers lui, ce sont elles qui finiront par le détruire. Tout devient pierre. *Le sourire, le visage pur, que avide tu regardes, c'est lui, lui-même, incompris, qui te fera ta plaie, et qui, le temps venu, de durs rochers, sans fin t'encombrera* [a]. Vainqueur ou vaincu, la guerre est ouverte dès le premier instant de la vie, la visibilité sur le malheur est égale. On reconnaît aisément ce double mouvement de l'être persécuté-persécuteur si l'on compare les deux premiers recueils de *La Vie dans les plis*, *Liberté d'action* et *Apparitions*, qui se répondent absolument. Le premier est tout entier d'agression, comme les titres le suggèrent : *La Séance de sac*, *Les Envies satisfaites*, *La Fronde à hommes*, *La Mitrailleuse à gifles*, *L'Attaque de la montagne*, *La Philosophie par le meurtre*. Le second est tout entier de persécution. J'ai dit vengeance d'autrui, c'est aussi bien la vengeance du monde, car ce n'est pas tant l'assaut d'un individu particulier que supporte le moi, que des forces obscures et anonymes. *Des coups. Je subis des coups, extrêmement brefs. Venant de loin, de très loin, de partout* [b]. Il subit ainsi *L'assaut du sabre ondulant*, *L'appareil à éventrer*, l'épreuve d'une scie, il est transporté à l'atelier de démolition où on lui extrait les tendons des membres, il vit enfin *Les situations étranges*. On assiste jusqu'à l'absurde et à l'atroce aux terribles effets de *la kermesse en soi du mouvement des autres* [c].

a. *Epreuves, Exorcismes*, p. 65.
b. *La Vie dans les plis*, p. 49.
c. *Face aux verrous*, p. 11.

L'être est défait de tous côtés. Attaquant, attaqué, on décèle à chaque instant dans ses rapports avec autrui comme dans son dialogue avec
lui-même par l'étrange foisonnement des
doubles, les signes douloureux d'un échange
brisé. Il n'y a pas d'harmonie et de royaume
élu, un être est jeté sans recours dans l'espace.
Il est la proie du monde et sujet à toutes les métamorphoses.

LES MÉTAMORPHOSES

Ainsi le corps et l'être souffrent d'une véritable
crise de l'identité. Il y a dépossession, exil, usur-
pation, empiètement, partout une étrange confusion. L'être s'égare, s'étonne et s'interroge. *Je
voudrais bien savoir pourquoi je suis toujours le
cheval que je tiens par la bride* [a]. Il ne se comprend ni ne s'appartient plus, se trouvant toujours dérobé à lui-même sans qu'il puisse rien
faire. Michaux était vraiment aux Indes un barbare pour connaître l'angoisse devant ce qui
pour d'autres est un mouvement naturel. Il ne
peut assumer la multiplicité. Il est autre, perdu
dans un cycle qui jamais ne lui laisse le loisir de
se reconnaître, de se savoir semblable.
Je ris, je ris tout seul dans une autre,
    dans une autre,
    dans une autre barbe [b].
Il y a toujours de l'être, et une conscience en
éveil, entraînée dans la fascination mouvante de
la métamorphose. On rêve au grand repos. *Ah !*

a. *La Vie dans les plis*, p. 235.
b. *Epreuves, Exorcismes*, p. 11.

*si je pouvais mourir une fois pour toutes. Mais
non, on me trouve toujours bon pour une nouvelle vie et pourtant je n'y fais que des gaffes et
la mène promptement à sa perte* [a]. Il n'est rien,
de l'animal le plus familier à l'entité la plus
abstraite, qui tôt ou tard ne lui prête sa forme.
Alors, malgré l'évidence ironique, la dérision
critique et l'arme rigoureuse d'un humour corro-
sif et vivace, c'est un vrai chant de lassitude qui
s'élève : *Il y a tant d'animaux, tant de plantes,
tant de minéraux. Et j'ai été déjà de tout et tant
de fois. Mais les expériences ne me servent pas.
Pour la trente-deuxième fois redevenant chlorhy-
drate d'ammonium, j'ai encore tendance à me
comporter comme de l'arsenic, et, redevenu
chien, mes façons d'oiseau de nuit percent toujours* [b]. On comprend que sur un fond de pareil
désespoir ces mots montent comme un Alléluia :
*Se distinguer, on n'y songe plus. Identité !
Identité !* [c]. C'est le rêve de la bulle, de la
sphère moelleuse où, la vie abolie dans sa
diversité, l'être serait tout abandon à la pure
jouissance dans le noyau informel du fluide et
de l'opaque — image nostalgique d'une vie pré-
natale, incarnation aussi de ce désir religieux
d'unité qui irrigue souterrainement toute
l'œuvre et que Michaux aujourd'hui tient vraiment à distance, comme lorsqu'il écrit qu'il est
inutile d'aspirer à une vie intra-utérine [16]. Il
arrive aussi que le cri témoigne d'un désir violent d'identité personnelle et de fixité : *Mais bon
Dieu ! qu'on me donne donc un substantif, un*

a. *La Nuit remue*, p. 132.
b. *Ibid.*, p. 132.
c. *Ibid.*, p. 73.

*maître qualificatif où je puisse me coller à
jamais* [a]...

Aucun de ces deux rêves n'est possible. L'oubli total et la présence totale ne sont que les instants parfaits et illusoires d'une perpétuelle oscillation. Michaux répond lui-même à cette double postulation. *Moi n'est jamais que provisoire.* Il récuse déjà — ce texte date de vingt-cinq ans —, ce que j'ai appelé une image primordiale de l'être. Il apporte enfin une première réponse et jette une lumière froide sur ce qui est peut-être son angoisse la plus fondamentale, le rapport de l'unité à la diversité. *On n'est peut-être pas fait pour un seul moi. On a tort de s'y tenir. Préjugé de l'unité (...). Il n'est pas un moi. Il n'est pas dix moi. Il n'est pas de moi. MOI n'est qu'une position d'équilibre* [17]. On peut alors voir l'œuvre comme une immense courbe qui épouserait toutes les variations successives d'un être. Elle est le sismographe du danseur de corde, le miroir du moi, la position d'équilibre.

L'être se découvre dans cette mutation, affronté à ses doubles ; il se dessine sur l'horizon du monde. Cette pluralité d'échanges faits d'empiétements perpétuels explique qu'on dépasse l'antagonisme du je persécuté et du je persécuteur, et que le monde apparemment objectif, celui qui formellement au moins se manifeste sur le mode du « il », soit aussi le théâtre d'une mouvance ininterrompue. Ici un enfant se fossilise [b], là une femme rétrécit en montant un escalier jusqu'à se retrouver perdrix [c], une femme encore s'effraie de l'accusation qu'on porte contre elle :

a. *Qui je fus*, p. 63.
b. *Face aux verrous*, p. 58.
c. *La Nuit remue*, p. 8.

est-elle un lézard mort [a] ? Les Meidosems se
prêtent à toutes les nuances d'un entremonde
subtil où jamais une forme ne s'arrête à elle-
même, eux qui sont la proie d'une élasticité où
ils trouvent à la fois le malheur et la jouissance [b]. La métamorphose est liée aux états de
sentiment : *Ils prennent la forme de bulles pour
rêver, ils prennent la forme de lianes pour
s'émouvoir* [c]. Toutes les tonalités et les qualités
se mêlent, *D'une brume à une chair, infinis les
passages en pays meidosem* [d]. Rien n'est impossible en pays meidosem, tout n'est que confusion, entrelacs et métamorphose. C'est aussi l'arbitraire le plus fou qui préside aux naissances
de Pon — on en compte, je crois, vingt-trois, de
la femme au cafard, du zèbre à la tortue [e] —
comme dans *La nuit des embarras* aux mutuelles
dislocations des corps et du monde alentour [f].
Chaque chose et chaque être peuvent se muer
en ce qui leur est le plus proche et le plus lointain. Tout est sujet à métamorphose, le monde
vacille dans le constant abandon de ses formes,
tout est prétexte, le regard de Michaux rencontre
et suscite un étonnant jeu d'ombres, il est le
héros de ce théâtre d'une étrange cruauté. En
Asie, en Malaisie plus particulièrement *La femme
fait l'homme. Elle en fait quelques-uns, puis elle
se défait* [g]. Ailleurs, au pays de la magie comme
à Podemma plus encore, l'ordre du monde repose

a. *Face aux verrous*, p. 233.
b. *La Vie dans les plis*, p. 132.
c. *Ibid.*, p. 131.
d. *Ibid.*, p. 171.
e. *Plume*, p. 123.
f. *Ibid.*, p. 118.
g. *Un Barbare en Asie*, p. 230.

sur des transfusions et des scissiparités incessantes. Qu'on évoque le *pshi* de la femme que
l'homme lui vole pour en jouir plus à son aise
et que la femme parvient pourtant à retrouver
au moment de l'amour[a], ou les Podemmais en
pot dans leurs activités aussi diverses qu'atroces,
tout y est mouvement, désordre et arbitraire. Que
dire des *hommes à éclipses* ou de ceux qui
atteints par l'âge *se changent en une forme
petite, et plus économique, telle la « puce pré-
ventive » ou un autre insecte aussi menu mais
moins alerte, plus propre par conséquent à les
laisser tranquillement récupérer leur vigueur*[b].
Les êtres sont informels et innommés, proches
parents des Meidosems, ils sont comme eux des
organes épars, des *courses rompues*, des *intentions prises dans la pierre*[c].

Autour d'eux le monde a pris même figure. Un
cheval nain claque au vent comme un pavillon[d],
un hippopotame atteint de dégénérescence
gazeuse grossit sous les yeux des enfants de
Prétoria[e], *Un page dit « Beh » et un mouton
lui présente un plateau*[f]. Ici, ce sont des villes
qui bougent[g], là une région entière transfor-
mée en estomac[h], ailleurs une plaie solitaire,
accrochée sur un mur[i]. Quant aux poissons de
l'aquarium de Batavia, ils sont brosse à dents,

a. *Ailleurs*, p. 198.
b. *Face aux verrous*, pp. 108-110.
c. *La Vie dans les plis*, p. 154.
d. *Plume*, p. 18.
e. *Face aux verrous*, p. 42.
f. *Plume*, p. 42.
g. *Qui je fus*, p. 39.
h. *Ailleurs*, p. 190.
i. *Ibid.*, p. 183.

fiacre ou lapin, aussi volontiers que poissons [a].

On risquera de croire, tellement elles créent une magie particulière, que ces mutations incessantes témoignent d'une fantaisie qui, fût-elle de l'atroce, demeurerait un peu étrangère à la démarche essentielle de l'œuvre. Rien ne serait plus faux. La fin de *Ici Podemma* le montre bien : les voix conjuguées d'un membre du conseil des pots et du narrateur célèbrent *l'exaltant culte de la Métamorphose qui pétrit chairs et terre* (...). *Métamorphose ! Métamorphose qui engloutit et refait des métamorphoses* [b]. A Podemma, la métamorphose instaure un ordre positif, alors que si souvent, on l'a vu, elle est blessure et sentiment du négatif : *Dès que vous avez perdu votre centre en vous, vous pourrez aussi bien qu'homme être crapaud, petite masse qui attend le coup de pied* [c]. A cette dualité, Michaux répond en affirmant que le Moi est provisoire et repose sur une position d'équilibre. L'œuvre ouvre donc une réflexion générale sur l'identité de l'être, sur ce qu'il est à lui-même à travers ses *passages*, et pose ainsi le rapport de l'un au multiple. Entre les images contradictoires de *L'espace aux ombres* où *l'être est débordé par le monde* infini des semblables [d], et celle de l'araignée royale qui *détruit son entourage par digestion* [e], c'est-à-dire entre un monde ouvert jusqu'à la mort et un monde fermé jusqu'à la mort, l'être est à la recherche de son identité.

a. *Un Barbare en Asie*, p. 235.
b. *Ailleurs*, p. 306.
c. *La vie dans les plis*, p. 113.
d. *Ibid.*, p. 183.
e. *La Nuit remue*, p. 57.

La question de l'être, de son rapport avec autrui et le monde, passe par ces deux mots, dispersion et concentration. Elle passe aussi par l'ennemi de la vie double qui n'entrave la marche de l'être que parce qu'il participe à l'être. On ne rencontre ainsi dans cette œuvre aucune scission véritable, aucun écart évidemment nommable entre le subjectif et l'objectif, le vécu et le mythologique, le direct et l'indirect, le document et la fiction. Rien ne sert de chercher ici, comme on fait souvent, un homme et une œuvre, il n'y a que l'univers imaginaire et projectif d'un homme attaché à la quête de soi à travers la multiplicité des « je » et des « il » qu'il met en scène, autant dire ses doubles. Le corps qui toujours essaie de se constituer, ce corps multiple, il est unique aussi, il est la part visible et mouvante d'un être assuré que le chemin des doubles est l'unique possible. Henri Michaux se porte à sa propre rencontre, cherchant dans la diversité des apparences l'assurance à la fois vive et toujours fugitive de sa réelle identité. Il faut alors, suivant ce chemin, nommer l'être et ses doubles, les personnes par où cette œuvre trouve sa vérité dans le langage.

LES PERSONNES

Il se manifeste dans les écrits de Michaux une multiplicité de personnes — au sens où l'on dit de « je » que c'est la première personne du singulier. Un langage unique se fonde en des voix diverses. J'ai parlé de doubles. Le double masque l'être à lui-même, le langage nomme le double et démasque l'être. Chaque personne est masque, l'étymologie le suggère, elle est au même instant ce qui déguise et ce qui dévoile, elle cache l'être sous un pronom et le révèle dans le mouvement d'une mise en scène. Elle est une catégorie de la langue et une catégorie de l'être. Il serait inexact de penser que chaque personne recouvre une catégorie précise, ou qu'elle est univoque. On devine entre les personnes des degrés comme on en voit dans les repères de l'espace, c'est une même distance de l'être à son dialogue avec autrui et le monde. Ce qui sépare les personnes finit par importer moins que ce qui les unit, et l'essentiel sera ainsi de rejeter les preuves formelles qu'on aura trouvées de leur différence.

Je

Il y a dans cette œuvre trois je : un je de confession ou de critique, un je de narration ou d'invocation, un je de convention ou de dialogue. Dans les nuances de ce langage direct-indirect, le je représente la médiation la plus directe, celle par où s'exprime sans intercesseur tangible un homme qui use du langage et répond au nom d'Henri Michaux.

Le premier de ces je correspond en apparence assez étroitement à la définition de ce que représente la part purement subjective, plus ou moins développée selon les cas, dans l'œuvre de tout écrivain. J'entends par là tout ce qui pour un romancier, poète, auteur de théâtre, fait figure de recueil d'impressions, de relation de voyage, de correspondance ou de journal. On se trouve ici devant le degré zéro de l'imaginaire, ou plus justement de l'invention et de la fiction imagina-

tive. La confession, c'est-à-dire la relation de ce
qui arriva ou de ce qu'on ressent, la critique,
c'est-à-dire l'affirmation de ce qu'on pense, en
sont les deux points cardinaux. Une part de
l'œuvre de Michaux semble y répondre étroitement : *Ecuador*, *Un Barbare en Asie*, *Passages*,
l'essentiel des livres consacrés à la drogue (ce
qui surtout y est réflexif, encore plus *Connaissance par les gouffres* que *L'Infini turbulent*),
ainsi que de nombreuses préfaces et postfaces,
ou encore tous les articles et essais de jeunesse
réunis dans *Cas de folie circulaire*. Michaux y
parle directement de ses voyages en Equateur et
en Asie, de divers points touchant à sa personne
ou à son art, de son aventure de la drogue, de
ses lectures et de ses impressions sur diverses
questions. Il rapporte des expériences qui possèdent une irrécusable valeur de témoignage
vécu. Mais sans qu'on sache très bien la raison, si l'on s'en tient même aux passages où le je
règne en maître (c'est essentiellement, on le
verra, de la contamination des personnes que
naît l'ambiguïté), il apparaît souvent une étrange
distance et le sentiment s'impose d'un monde
autonome où le je sert à médiatiser la constitution d'un imaginaire plus que ne le permettent
habituellement les formes directes du témoignage. Comme si soudain ce n'était plus
l'homme Michaux qui racontait l'Asie, mais un
barbare qui dit je. Comme si l'Equateur était
devenu une de ces planètes inconnues où
pénètrent, armés de leurs seuls souvenirs, les
premiers explorateurs. Il est sans doute difficile
de justifier une telle impression, mais devant
certains textes de *Passages*, *Visages de jeunes
filles* par exemple, ou *Premières Impressions*,

comment ne pas sentir que ce je n'est pas celui
d'un auteur qui livre soudain la part inconnue
de lui-même, la personnelle, mais le signe d'une
parole déjà riche de toutes les mythologies et
qui ouvre la voie à toutes les communions. Ce
je qui pourrait être de simple confession se constitue aussitôt dans son altérité, il n'établit pas
avec le lecteur la communication la plus directe,
il porte en lui l'aube d'une fiction.

Le je dit de narration ou d'invocation obéit à
deux fins, souvent confondues mais pourtant spé-
cifiques. Il relate d'une part une aventure, des
anecdotes, dont on suppose assez facilement à des
détails précis qu'elles ne possèdent pas un caractère de réalité concrète rapportable à l'action
réelle d'un individu, si tout au moins on s'en
tient à la lettre. Il exprime d'autre part des
impressions et des sentiments que leur caractère
mythologique, souvent violent et excessif, que
renforce l'unité plus distante du langage, peut
difficilement faire passer pour des témoignages
premiers. Dans l'un et l'autre cas il s'impose
pourtant une telle sensation de subjectivité irréductible, une telle valeur de relation directe,
qu'on reste confondu. Comment ne pas croire
à l'immédiate vérité de cette parole qui use de
la langue la plus élémentaire pour relater un
état de fait, un accident, une impression, sous le
signe d'un je tellement simple et nu qu'on croirait le plus intime journal de bord ou la réflexion
qu'on ne fait qu'à soi-même. *Ce qui a manqué
surtout à ma vie jusqu'à présent, c'est la simplicité* [a]. Ou : *Voici déjà un certain temps que je
m'observe sans rien dire, d'un œil méfiant.* Ou

a. *La Nuit remue*, p. 105.

encore : *Quand donc pourrais-je parler de mon
bonheur* [18] ? Chacune de ces phrases pourrait
sembler aussi bien participer d'une fiction ordinaire, d'une narration romanesque, d'un dialogue surtout. Or il n'en est rien, et l'aventure
perpétuellement répétée de ce *je* se poursuit sous
de multiples formes à travers toute l'œuvre. Le
je du voyageur de la Grande-Garabagne est le
même que celui de *La Nuit remue* ou de *La Vie
dans les plis*, et combien proche aussi, chose
plus étonnante, de celui de *Un Barbare en Asie*.
J'ai vu quantité de tribus dans le Sud de Gal [a]
et *j'ai vu à Chandernagor un jeune homme et
une jeune fille* [b]... Ce *je* traverse des pays bien
divers, les descriptions ont pourtant même
allure. *Les Epalus sont timides et sentencieux,
excellents à la pêche où ils sont d'une patience
qui n'a pas de fin* [c], et *L'Hindou est souvent
laid, d'une laideur vicieuse et pauvre* [d]. Certains
pays se trouvent sur la carte du monde, d'autres
sur celles de l'imagination. Et comment, lorsque
dans la préface de *Un Barbare en Asie*, Michaux
écrit : *Douze ans me séparent de ce voyage. Il
est là. Je suis ici*, ne pas voir que la distance
entre ces deux adverbes est la même qu'on
observe entre deux personnes, que dans le *je* critique il y a des degrés et que l'un est déjà comme
le double de l'autre ? Comment ne pas sentir
aussi que du *je* critique au *je* de fiction, il y a
continuité autant que différence et que la dialectique du même et de l'autre trouve ici sa résolution, d'autant que très souvent des détails qu'on

a. *Ailleurs*, p. 86.
b. *Un Barbare en Asie*, p. 53.
c. *Ailleurs*, p. 64.
d. *Un Barbare en Asie*, p. 83.

croirait de l'un apparaissent chez l'autre. Ainsi : *Je me couche toujours très tôt et fourbu et cependant on ne relève aucun travail fatigant dans ma journée* [a], et : *Heureusement je ne rencontre pas le même insuccès dans mes tentatives de soulèvement par pseudopodes, sinon je ne m'éveillerais jamais* [b]. La première citation est dans *La Nuit remue*, la seconde dans *Passages*. On peut ainsi considérer la première comme de fiction malgré son aspect de journal intime, la seconde comme de confession. Il ne faut pas croire à un exemple particulier : l'œuvre le répète sans cesse, on ne saurait dire où commence et finit cet échange constant [19].

Le troisième je, de convention ou de dialogue, est plus particulier. De nombreux textes (ceux en général qui comportent des personnages objectifs et nommés, mais pas exclusivement) se présentent sous la forme de récits romanesques, et le je n'est alors que la forme habituelle d'une intervention dialoguée. *J. O. m'écrit encore : Je les enfarine. Est-ce bien* [c] *?* Le je peut également être imparti à un personnage pendant le temps complet de son apparition, dans *Vieillesse de Pollagoras par exemple* [d] ; ou encore il sert à une pluralité de personnages dans une pièce de théâtre, à chacun des fous du *Drame des constructeurs* [e] et aux héros de *Chaînes*.

J. H. — Oh ! je t'en prie, je t'en prie, ne t'en va pas. Je veux ce que tu veux. Envoie-moi l'assassin de famille.

a. *La Nuit remue*, p. 101.
b. *Passages*, p. 77.
c. *La Vie dans les plis*, p. 41.
d. *Ibid.*, p. 235.
e. *Plume*, pp. 199-208.

J. F. — *Pourquoi irai-je m'occuper de toi ?*
Je ne te connais pas [a].

Ce *je* relève de l'analyse des personnages, on
y reviendra. Malgré son apparence de complète
altérité, il n'est aussi qu'un double, seulement
le plus lointain.

Le *je* est la personne la plus directe : il fonde
la crédibilité d'une connivence avec l'auteur, il
est pour le lecteur le complice immédiat et donne
l'impression d'une nature encore fermée sur sa
gangue originelle. Il est la personne des communions implicites. Fût-ce dans l'univers le plus
délibérément fictionnel, le *je* permet toujours
d'invoquer plus facilement la personne de l'auteur. Il possède ainsi la fluidité d'une perpétuelle
indécision.

Nous

Il existe une forme subtile du *je*, un corol-
laire, le *nous*. Il n'est en général que la forme
collective d'un *je*, l'expression d'un ensemble
social dans lequel le *je* s'inclut quand il ne se
prononce pas directement. Ainsi *L'espace aux
ombres* [b], *La lettre* et *La lettre dit encore* [c], deux
textes qui se font suite, où un *je* s'adresse à un
vous au nom d'un *nous* qui le situe, ainsi *Je
vous écris d'un pays lointain* où la même
démarche se marque d'une distance supplémen-
taire, d'un autre *je*, le témoin implicite de la
correspondance qu'il rapporte [d].

a. *Plume*, p. 188.
b. *Face aux verrous*, pp. 169-194.
c. *Epreuves, Exorcismes*, pp. 56-61.
d. *Plume*, pp. 73-79.

Le nous peut être aussi, plus rarement, mais de manière combien plus fulgurante, le signe du dialogue et de la complicité amoureuse. Il témoigne alors d'une déchirante nostalgie car le passé est le seul temps qui lui soit affecté. Ainsi *Nous deux encore* où la mort a ravi l'être aimé, ainsi *Amours : Cependant je me suis abandonné à un nouveau « nous »* [a]. Et de ce nous aussitôt Michaux dénonce l'imminente absence par un imparfait d'une terrible vérité : (*Elle a... elle avait, dis-je !*). Le nous est le rêve modeste, tenace, presque désespéré d'une œuvre qui en ose bien peu : *me joindre à toi, pauvrement, certes, sans moyens mais nous deux encore, nous deux* [b]...

Vous

Une personne encore, le vous, participe un peu du je, mais marque déjà une différence notable. Il est rare que le vous soit employé comme personne fondamentale ; même dans un court récit [20], mais son originalité vaut d'être signalée. Le vous crée un genre particulier de rapport avec le lecteur, l'attirant comme malgré lui dans les détours d'une aventure vécue par un héros partagé entre le je et le il. De l'un il possède la souplesse et la profondeur, de l'autre la rigueur et la distance. Ce vous n'est pas celui auquel on s'adresse — qui répond par exemple à la formule de la lettre dont Michaux use parfois — ou le tu que le je invoque dans la révolte ou

a. *La Nuit remue*, p. 185.
b. *Nous deux encore.*

la prière ; il parle pour lui-même d'une voix
particulière et ambiguë [21]. Ainsi l'évocation des
animaux fantastiques : *Comme ils viennent voir
dès qu'ils vous savent cloué au lit. Ils tombent,
ils vous assaillent, ils n'ont de centre qu'en
vous* [a]. Ou encore, cette fois sur fond de critique
et non plus de fiction : *Vous aimez quelqu'un,
vous l'admirez ? Essayez plutôt de produire en
vous ce qui paraît si extraordinaire en l'autre* [b].
Il faut remarquer que dans les deux cas l'invite
au lecteur est semblable, ce qui permet de véri-
fier encore que ces voix ne sont qu'une malgré
la diversité apparente des textes.

Il

A l'inverse du *je*, le *il* marque la rigueur
d'une différence. Il est la personne de la distance, il joue différemment la comédie de l'être.
Il possède la netteté d'une nature transparente et
arbitraire et se propose immédiatement au lecteur comme un autre. La plus grande originalité
de cette œuvre est qu'il puisse être aussi le même,
et n'incarne qu'une forme plus lointaine sur le
parcours des doubles.

On compte plus de *il* encore que de *je*, malgré
le manque inévitable d'un *il* critique ou d'un *il*
de confession. Le *il* est essentiellement fictionnel.
Comme le *je* de narration, il met en scène un
être au contour imprécis, à la vie multiforme,
dont l'existence et l'unité sont assurées par la
succession des accidents qui l'accablent, des
mouvements qu'il ose, des hasards qui l'entraî-

a. *Plume*, p. 59.
b. *Passages*, p. 142.

nent. Pas plus que le je n'a de nom (mais on lui suppose alors implicitement celui de l'auteur) le il n'en possède. Il est parfois *un homme*, perpétuellement il oscille entre le destin du on et celui du personnage singulier. *Il croyait avoir dans l'abdomen un dépôt de chaux. Il allait tous les jours trouver les médecins...* [a]. Il est *Celui qui* [b]. Il est *quelqu'un*, une sorte de double répété à l'infini et dont on cherche la singularité d'être dans une étonnante pluralité de sentiments et d'actions.

Quelqu'un il ne se passe plus rien dans sa vie, plus rien, plus rien, plus rien que le vide, plus rien plus rien.

Il espère au silence, quelqu'un.

Quelqu'un cherche une nouvelle fenêtre [c].

Il est un être en perdition, on dit un homme comme on dit un poisson, l'âme ou la parpue. *Encore un malheureux : Il habitait rue Saint-Sulpice. Mais il s'en alla. « Trop près de la Seine, dit-il, un faux pas est si vite fait » ; il s'en alla* [d]. On dirait que ce il n'est toujours qu'un seul et même personnage qui, de texte en texte et de livre en livre, parcourt le chemin des incertitudes. Il n'est que il, on pense à *l'homme à la tête diverse* [e].

Ce il, frère de je, autre-lui-même en désarroi, est comme lui soumis à des forces nombreuses, la plupart du temps innommées, et que seuls quelques pronoms désignent. L'être est à la merci de « il », « Il », « Ils ». On les appelle

a. *La Nuit remue*, p. 115.
b. *Ibid.*, p. 94.
c. *« Quelqu'un, quelque part »*, N.R.F. 1939.
d. *La Nuit remue*, p. 146.
e. *Epreuves, Exorcismes*, p. 46.

parfois *Les dieux mauvais* [a] ou les *Présences Sévères* [b]. Et quand il n'est pas la proie de puissances supérieures, l'être, il comme je, est soumis à la rencontre multiple d'une foule innombrable de créatures oscillant de l'humain à l'animal, et que sans autres précisions signalent des pronoms personnels sujets ou objets, dans une sorte d'inframonde, de jungle de la vie obscure.

Le il ne possède pas ses racines propres et la netteté de ligne que crée habituellement toute objectivation véritable. Il n'incarne chaque fois que le même et l'autre d'un être en difficulté : il est un double.

Il y a un il encore, dont l'importance est grande, par lequel Michaux s'objective dans sa propre personne. J'ai déjà parlé de ce poème de *Peintures* où, à la suite d'autres textes de facture courante, apparaissent quelques lignes intitulées *Qui il est*. Il, c'est l'imaginaire le plus proche de soi, le premier de ses doubles, et presque un premier personnage : *Michaux peint curieusement sur des fonds noirs, hermétiquement noirs. Le noir est sa boule de cristal. Du noir seul il voit la vie sortir. Une vie toute inventée* [c]. On trouve ainsi, éparses dans l'œuvre, de courtes phrases qui traduisent une vertigineuse distance à soi.

« *France, France et il est tout*
Décomposé parce qu'il y revient »
(...) *Il parle fort, il est insolent,*
Il est gros, il vomit de la joie,
Il n'a donc pas changé [d]

a. *La Nuit remue*, p. 47.
b. *Face aux verrous*, p. 186.
c. *Peintures*, p. 16.
d. *Ecuador*, p. 179.

Michaux conte ainsi son retour de l'Equateur. Il faut aussi citer sa très courte préface, signée *L'auteur*, où il devient *un homme* comme si fréquemment on en rencontre, sans nom et sans visage. *Un homme qui ne sait ni voyager ni tenir un journal a composé ce journal de voyages. Mais au moment de signer, tout à coup pris de peur, il se jette la première pierre.*

C'est là, sous une forme plus vive encore, car on imagine un auteur qui se livre sans voile, ce même il qui ailleurs intervient brusquement à la fin d'un long texte dont un je de narration assure la continuité : *Priez pour lui, il enrage pour vous* [a]. Rien n'équivaut pourtant aux quelques pages déjà citées qui servent d'introduction à un livre qui lui est consacré, des pages signées H. M., intitulées *Quelques renseignements sur cinquante-neuf années d'existence* et exclusivement écrites à la troisième personne. Il est difficile d'imaginer une telle distance de soi à soi, un tel pouvoir d'objectivation. On pourrait croire à de l'indifférence ou à de l'artifice, j'y vois le signe le plus clair d'une intense difficulté à être soi-même et à pouvoir s'exprimer par la confession directe, j'y vois la preuve du paradoxe le plus fertile et le plus essentiel, puisque toute l'œuvre témoigne de la flagrante impossibilité de raconter un autre que soi-même. Lorsque Michaux dit il en racontant sa vie, on assiste à la naissance du premier double de Michaux. Qui n'en serait convaincu peut réfléchir sur ces lignes placées quelque part en exergue : *Casanova dans son exil disait à qui voulait l'entendre : « Je suis Casanova, le faux Casanova. »*

a. *La Nuit remue*, p. 12.

*Ainsi de moi, Messieurs..., comme assurément
on l'entend* [a].

Les personnages

A l'autre extrême, le dernier il, celui des
personnages, qui fonde la seule possibilité de
différence. Les personnages sont nombreux, ce
sont, outre Michaux lui-même, les seuls êtres à
posséder un nom. Beaucoup se trouvent directement en rapport avec un je, je de narration
particulièrement. Ainsi Qui-je-fus avec qui
s'engage un très long dialogue qui se termine
ainsi :

— *Publie-moi, dit-il, je te prie.*
*Ah par exemple, y en a-t-il de pauvres fous
en moi. Vous avez vécu un an, deux ans, dans
notre commune peau, et vous me faites la loi, à
moi qui suis.*
— *Je ne veux pas mourir, dit ce qui-je-fus.*
« *Je ne veux pas mourir.* » *Et pourtant il est
sceptique. Voilà comme on se leurre. Et voilà
comment on manque tant de choses. On a le
désir d'écrire un roman et l'on écrit de la philosophie. On n'est pas seul dans sa peau* [b]. Il est
difficile de nommer plus explicitement le
double, cet ennemi dans la vie bifide, qui gran-
dit dans l'être et dont on ne peut se défaire. Le
Roi n'est pas autre chose dans un texte fameux
où la répétition de l'adjectif possessif signifie
l'étroite dépendance : *Dans ma nuit, j'assiège*

a. *La Nuit remue*, p. 187.
b. *Qui je fus*, p. 18.

*mon Roi, je me lève progressivement et je lui
tords le cou*[a]. Il y a ces personnages encore —
on hésite même à les appeler tels — dont le seul
nom sert de prétexte à un dialogue, à une intervention extérieure sur le je. Aniado[b] par
exemple, ou le demandeur de conseils :
« *Faut-il punaiser les bébés?* » *m'écrit J. O.*[c].
La fonction de certains est plus réduite encore :
ils sont strictement le prétexte d'un je qui prend
la distance d'un nom. Un texte long de huit
pages commence ainsi : *Louna dit*[d], et le nom
n'est prononcé qu'une seule fois.

Il apparaît au hasard des pages plusieurs pré-
noms de femme. Lou, Banjo, Juana, By, Lorellou. Je ne parle pas ici de ces femmes, fiancées
ou jeunes filles qui surgissent souvent, situant
l'être dans ses rapports intersubjectifs, et dont la
présence éclaire ou assombrit bien des pages,
mais de celles qui possèdent un prénom, un
corps et un visage. Elles sont, je crois, les uni-
ques personnages qu'on ne peut prendre pour
des doubles, au moins comme je l'entends ; et
elles n'ont rien de ces êtres indistincts qui
s'agitent aux frontières anonymes du monde.
Belles comme un regret, elles instituent le plus
souvent par l'absence, comme en creux, un
ordre du dialogue, une parole qui brise un instant les cercles innombrables de la solitude identique. Elles sont, on l'a vu, le seul nous véritable.

Que dire des personnages des pays imaginaires ? Ils n'apparaissent qu'avec le je qui les

a. La Nuit remue, p. 13.
b. La Vie dans les plis, p. 65.
c. Ibid., p. 40.
d. Vents et Poussières, p. 9.

découvre mais tendent aussi à être longuement décrits pour eux-mêmes. Ils sont rarement individualisés, quelques-uns possèdent pourtant un début d'existence autonome, comme Cliveline ou Ajvinia à la cour de Kivnia et surtout *Dovobo, empereur de Grande-Garabagne*, qui monta sur le trône par le plus grand des hasards pour mourir dix-sept jours plus tard percé de javelots[a]. Que sont-ils exactement ? Michaux décrit ainsi leur genèse : *En voyage, où presque tout me heurte, ce sont eux qui prennent les heurts, dont j'arrive alors, moi, à voir le comique, à m'amuser. (...) Quand il m'arrivait autrefois un coup dur, je n'étais embarrassé que le temps très court où j'avais à faire face, seul. Dès que j'avais trouvé un personnage (que j'avais « reculé » en lui), j'étais tiré d'embarras, de souffrance (du moins du plus gros, du plus intolérable). A toi maintenant ! C'est pourquoi le pays étranger était une occasion, une provocation à personnages, auxquels dès lors je remettais l'affaire, celle de jouir et de souffrir, des gens et des choses étrangères et hostiles. Eux-mêmes étaient composés pour s'en ficher un peu et remuer tout sens dessus dessous*[b]. Le je des pays imaginaires est le double du je qui voyage, les personnages sont les doubles de cette subjectivité bifide, une série de projections temporelles, spatiales et incarnées, du voyage.

Il en va un peu autrement des Meidosems. Il n'y a plus de je en pays Meidosem, seulement des êtres innommés. Rien ne les signale que ce nom générique et divers pronoms personnels

a. *Ailleurs*, pp. 157-162.
b. *Passages*, p. 154.

qui permettent de préciser le genre et le nombre.
Un seul Meidosem fait exception, mais de façon
tellement dérisoire que l'impression d'ensemble
n'en est que fortifiée : il s'appelle U. L. et on ne
le désigne ainsi qu'une fois [a]. Par là, comme
par leurs autres caractères, les Meidosems traduisent particulièrement le désarroi de la constitution propre à l'œuvre entière. Multipliés à
l'infini, les Meidosems, hommes, femmes, enfants, sont les doubles de l'être en mal d'être, et
plus encore de l'être en mal de se savoir être.

Si on considère enfin les personnages dotés de
noms individuels, c'est-à-dire d'une certaine
réalité, il convient de distinguer entre le personnage prétexte, le personnage individuel et le
personnage autonome. Les premiers connaissent de brèves apparitions. Rien ne les décrit
précisément. Ce sont des ils abstraits qui permettent à la parole de prendre en même temps
son envolée et son recul. Le langage peut posséder une forme de sentence ; le maître de Ho
parle ainsi le temps de trois courts textes. *Tout
tombe, dit le Maître de HO ; Tout tombe, déjà
tu erres dans les ruines de demain* [b]. Il est celui
qui annonce, il dit, il est un double du désespoir. Tout autre est Iniji, qui se défait et se
refait, cherchant toujours sa place, son lit, son
bras, qui est un double de la dispersion et de
l'effroi.

Ne peut plus, Iniji.
Sphinx, sphères, faux signes,
Obstacles sur la route d'Iniji [c].

a. *La Vie dans les plis*, p. 127.
b. *Epreuves, Exorcismes*, p. 64.
c. *Vents et Poussières*, p. 49.

Tahavi est un double du refus, comme si un nom répété avec violence et obstination donnait plus de pouvoir à la parole, comme si écouter la fureur de son martèlement suffisait déjà à doter de pouvoirs la colère.

N'a pas accepté, Tahavi. Ayant reçu, n'a pas gardé. Par la porte, par la fenêtre, Tahavi a rejeté [a].

Les apparitions des personnages dits individuels ne sont pas toujours d'une plus grande durée, mais d'une plus grande réalité. On se trouve devant quelque chose comme un individu. Cela est encore peu vrai de Pon, double de la naissance et des métamorphoses. Il advient pourtant cette chose étrange et unique que Pon réapparaisse dans un texte qui ne lui est pas nommément consacré. *Et brusquement, Plume s'aperçoit qu'il est quatre heures et quart, il réveille Pon...* [b]. On retrouve Emme durant deux textes brefs [c]. Habité par un parasite et souffrant d'une jambe gonflée de pus, Emme incarne tout ce que l'œuvre manifeste de hantise pour les maladies insidieuses, celles qui naissent en Grande-Garabagne aussi bien qu'à l'Equateur. On lui pressent déjà une physionomie, mais Emme comme Pon s'efface devant Pollagoras et A.

Pollagoras est le double de la vieillesse et de la défaite. Etrangement, il est à la première personne, on l'a vu, comme pour instituer malgré la distance du nom, une plus grande connivence. *Laissez-moi, dit Pollagoras, je suis fatigué de l'épi querelleur. Le temps est venu*

a. *La Vie dans les plis*, p. 115.
b. *Plume*, p. 152.
c. *La Nuit remue*, pp. 59-60.

*pour moi. Laissez. Mon sang a perdu son col-
loïdal. Mon être tout entier dépose des pierres* [a].
Comme il est simple de montrer les analogies
évidentes que l'ensemble de ce texte admirable
présente avec ce qu'on peut savoir de Michaux
lui-même, ou plus exactement, avec ce premier
double de lui-même qu'offre Michaux quand
il parle le plus directement. *Le démantèlement
commença avec la mort de quelqu'un avec qui
je vivais. (...) Elle tomba dans la Mort. Soudain.
Sans aucun accord* [b]. C'est la même note atroce
tenue tout au long de *Nous deux encore*, un
semblable recours à l'enfance, aux hantises
et aux batailles de l'être, à la *vie fléchissante*,
une détresse, la même — dans le détail du vocabulaire comme dans le sens qui se noue —
que tous les je ou les il anonymes affirment
sans discontinuer. On pourrait dire : Pollagoras ou l'évidence de l'autre soi-même, et l'on
définit A.

Le portrait de A., c'est à la fois *Mes Propriétés* et la biographie de Michaux par lui-
même, c'est le paradoxe de la plus grande proximité et de la plus grande distance [22]. C'est un il
où s'esquisse l'intime confidence du je, un je
qui se contemplerait dans un lointain miroir.
C'est un peu Plume aussi à qui n'arriverait
qu'une aventure, celle de son portrait. Rarement
l'utilisation d'une personne signifia avec autant
d'évidence la nature décisive de l'œuvre.
A., cette simple lettre, traduit la volonté désespérée de se perdre en autrui sans parvenir même
à lui donner un véritable nom. On cherche un

a. *La Vie dans les plis*, p. 239.
b. *Ibid.*, p. 239.

être à envahir, et dans l'être envahi on se retrouve, visible, et s'abîmant ainsi dans sa propre image, obscure et incertaine. Michaux s'égare dans son double : c'est un lieu mal connu de sa vie. *Il se demande où est sa vie, parfois elle lui paraît en avant, rarement passée ou actuelle, plutôt à faire. Il la pelote, il l'oriente, il l'essaie ; il ne la voit pas.*

Toutefois c'est sa vie [a].

Tout se conjugue dans ce portrait, la fragilité de la voyelle qui l'incarne autorise toutes les traversées du miroir, et tous les retours. C'est la recherche du lieu de sa vie, recherche de soi-même, c'est la boule, la claustration de l'enfance, le père, l'ouverture au regard, la nourriture, Dieu, *l'œil sur le bassin intérieur* [b], les livres, la mer à vingt ans, la honte, l'action et l'immobilité. A. est un des doubles les plus proches à l'instant même où un il et un nom le renvoient au lointain. C'est une image de l'être qui dérive pour revenir au port.

La troisième catégorie de personnages, Plume l'incarne à lui tout seul. On a tout dit sur Plume. Il est le seul personnage réellement autonome, et réapparaît au long de quatorze textes [23]. Aucun portrait ne permet de l'objectiver physiquement. La seule représentation que Michaux en donne est un dessin qui réapparaît deux fois, dans *Le Lobe des monstres* et *Peintures et Dessins* : des lignes qui s'entrecroisent, une tête à peine esquissée, deux grands yeux, très fixes, et partout sur le corps des yeux encore, mais plus petits et moins marqués, qui suggèrent des

a. *Plume*, p. 107.
b. *Ibid.*, p. 110.

ombres de regard. Il y a pourtant un être Plume, riche d'une logique de comportement et de situations, et qui semble avoir la possibilité d'échapper un peu à l'auteur qui le suscite. Plume est le voyageur de la difficulté d'être, le héros d'une mythologie métaphysique, celui qu'on n'oublie plus après l'avoir croisé. *Avec Plume, je commence à écrire en faisant autre chose que de décrire mon malaise. Un personnage me vient. Je m'amuse de mon mal sur lui. Je n'ai sans doute jamais été aussi près d'être un écrivain. Mais ça n'a pas duré. Il est mort à mon retour de Turquie, aussitôt à Paris* [a]. Pourtant, si même on ne tient pas compte de cette apparition-disparition qui peut déjà laisser peser un soupçon sur la possibilité d'une réelle autonomie, la façon dont Michaux avoue jouer de son mal sur Plume invite à l'attention et à rechercher des identités que dans cette apparence de fiction dégagée on aurait pu manquer d'apercevoir. Tout ce qui par exemple touche aux visages et aux regards et qui renvoie si précisément à d'innombrables descriptions de *La Vie dans les plis* comme d'*Ecuador*, d'*Ailleurs* comme de *Passages*.

... Il y avait un homme en face de Plume, et dès qu'il cessait de le regarder, le visage de cet homme se défaisait, se décomposait en grimaçant, et sa mâchoire tombait sans force.

Ah! Ah! pensait Plume. Ah! Ah! Comme elle est encore tendre ici la création! Mais quelle responsabilité pour chacun de nous! Il faudra que j'aille dans un pays où les visages soient plus définitivement fixés, où l'on puisse fixer et

a. Robert Bréchon, *op. cit.*, p. 205.

détacher ses regards sans catastrophe [a]. Ainsi *L'arrachage des têtes* [b] et les métamorphoses reçues et infligées par les corps, ainsi la peur, la constante déroute de l'être.

Tout personnage est un peu l'auteur qui le crée, il est une conduite imaginaire de l'écrivain. Mais toujours, et c'est à cela qu'on le reconnaît comme tel, le personnage véritable échappe. Il institue, jusque dans la continuité, un autre monde. Avec Plume, le lien n'est pas coupé, il continue, jusque dans la singularité, un monde identique. Plume est le double de l'être persécuté-persécuteur, de la difficulté de relation, de l'aliénation à autrui et à soi. S'il fallait une preuve encore, on la trouve dans *Tu vas être père*. Le titre porte entre parenthèses *d'un certain Plume* et une des pages de garde la phrase : *Ce texte de Plume paraît ici pour la première fois.* Or, sans plus d'autre précision, se poursuit un texte à la première personne. Le ton est celui-là même de *Plume*, d'un humour grinçant et fou, le je qui sert de narrateur possède une conduite en tous points semblable. Tout porte à croire que *Plume*, innommé, et parcourant le cycle des doubles, parle tout à coup sous le masque d'un je de narration. Il dénonce ainsi visiblement l'altérité radicale qu'on pouvait supposer. Plume n'est que la forme la plus élaborée du double, il est, une fois encore, une voix de l'être.

a. *Plume*, p. 175.
b. *Ibid.*, p. 159.

On

Le je, le il, les personnages sont les modes par lesquels l'être vient à l'existence. On en trouve un encore, qui est à la fois une personne et n'en est pas une puisqu'il affecte toutes les autres. Le on signifie les moments où, dépossédé, l'être se perd en un autre que soi, proche encore et en qui cependant il se reconnaît mal, ces moments où il n'accède pas à la vie nommable de la personne et flotte dans la vacuité de l'indétermination. Le on cohabite dans l'être, on ne peut pourtant l'appeler double, ou il faudrait alors le considérer comme le double de tous les doubles, l'un des deux termes d'une dialectique qui toujours oscille entre le nommable et l'innommable.

Le on n'est jamais l'unique pronom sujet d'aucun texte, mais il est rare aussi qu'il en soit absent. Lorsqu'il apparaît presque seul, après une énumération sans verbe, il marque l'effacement : *On ne les a jamais qu'entr'aperçus, les Meidosems* [a]. Dans *L'espace aux ombres*, le on traduit la généralité, il est un nous plus imprécis, plus retranché :

On avale toujours la boule aux mille pointes de souffrances.

Quand cela finira-t-il ?

L'ondée tant attendue, l'ondée d'infini, qui apaisera l'âme, on n'oserait en parler, il y a des zones si on en parlait, on serait insulté, attaqué de toutes parts par les désespérées [b].

Si l'on essaie pourtant d'assigner un ordre à

a. *La Vie dans les plis*, p. 172.
b. *Face aux verrous*, p. 187.

ces emplois multiples du on, il est possible d'en
nommer quatre, aussi arbitraire que cela soit
dans une des langues les plus ouvertes aux
nuances et aux modulations intermédiaires. Le
premier est de coutume, il sert à décrire l'usage
général des pays que traverse le voyageur, ou
aussi bien un fait objectif de l'esprit. C'est le on
de *Ailleurs*, de *Ecuador*, de *Un Barbare en Asie*,
de *Passages*, le on de l'habitude : il est neutre
plus que négatif et exprime la généralité du
monde. Le on de narration est souvent neutre
aussi, il est une figure ordinaire de l'écriture ;
il faut seulement remarquer chez Michaux sa
particulière fréquence. Ensuite le on d'agression : le sujet est la proie de forces obscures et
d'assauts. *Tout à coup, on se sent touché. Cependant rien de bien visible contre soi, surtout si
le jour n'est plus parfaitement clair...* [a]. Dans
ce cas, le on est en général un substitut du sujet
agressé et non du sujet ou de l'objet agresseur.
Tout part de l'être et y revient toujours. *... on a
parfois l'étrange impression que peut-être en ce
moment de répit pour vous, elle est en train de
tuer quelqu'un à travers votre corps, je veux
dire « au-delà », et l'on attend le cri fatal, mais
sans le désirer naturellement. On est dans un
embarras suffisant* [b]. Mais le on témoigne surtout de la vacance de l'être. Il décrit un sujet
rejeté dans la généralité, confondu à la neutralité
fuyante du monde et ainsi dérobé à lui-même,
amarré à une indifférence qui tient déjà à la
mort sans pourtant s'y résoudre, qui laisse enfin
une impression de lent écœurement. La phrase

a. *Ailleurs*, p. 174.
b. *La Vie dans les plis*, p. 56.

de Michaux compte plus de tours impersonnels
qu'aucune autre, comme si toujours l'être était
dépossédé de son acte ou de son regard, s'il était
agi plus qu'il n'agissait, comme si une absence
sournoise se conjuguait toujours à toute forme
de présence. L'être paraît toujours hésiter à franchir les degrés de la personne, à s'éprouver nommable, et simplement à être. Cette hantise,
déjouée, souvent mais jamais conjurée, le on en
est à la fois le signe le plus apparent et le plus
multiple.

LA CONTAMINATION

La définition de catégories aussi précises est
sans doute un peu extrême, malgré l'évidence
qui souvent y incite. Elles servent à fixer des
tonalités fondamentales, à montrer les diverses
manières qu'a l'être de se voir, de se définir et
de se mettre en scène ; mais ce qui sépare vaut
moins que ce qui lie, et les multiples personnes importent moins par leur isolement res-
pectif que par les perpétuels passages qui les
font se mêler et porter ainsi au jour la véritable
figuration de l'être.

L'utilisation du on est constante, il y a peu de
textes qu'il ne gauchisse plus ou moins. Le vous
infléchit-il une narration pour décrire par
exemple les propriétés de l'instant : *Il s'inquiète,
s'agite et tâchant de sortir ainsi en parapluie ouvert, il vous déchire en d'infinies hémorragies.*

*Ou l'on arrive à empoisonner le poisson ou
l'on meurt* [a]. Ou bien le départ pour l'Equateur

a. *Ecuador*, p. 167.

est-il annoncé au voyageur : *Je suis soumis toute la journée à une sorte de projection à distance. On cherche mon regard. Quel effort il me faut pour revenir à moi, et combien « impur » ce retour, comme quand on cède à une image de sexe dans la prière* [a]. Il arrive aussi que le on recouvre plusieurs valeurs suivant qu'il se trouve avant ou après le principal sujet :

> *Dans la chambre de détection des crimes à venir, on recherche qui va tuer, qui est sur la pente de tuer.*
> *Le dossier constitué est secret. L'examiné lui-même l'ignore, inconscient des pensées en bourgeon trouvées en lui.*
> *Avant d'entrer dans la chambre des projets secrets, on passe dans la chambre des provocations* [b].

Un texte peut s'intituler *On veut voler mon nom* [c], avoir je pour sujet, et soudain susciter l'intervention d'un ils qui matérialise le on en des forces nommées, comme un LE fait du pronom — substitut de Barnabé, le nom qu'on veut voler — une réalité visible dans l'espace.

On pourrait tenter pour toutes les personnes une semblable esquisse. Combien de textes commençant par un il se terminent ensuite en je par l'intermédiaire du on, du nous, du vous, ou aussi bien directement. Combien comme *Conseils aux malades* qui s'ouvrent par une forme impersonnelle et introduisent tout à coup par le je la

a. *Ecuador*, p. 11.
b. *Ailleurs*, p. 246.
c. *Plume*, p. 24.

relation d'une expérience intime [a]. Le il le plus anonyme peut soudain se faire personnage : *Quelqu'un quelque part s'appelle Lou* [b], et le personnage s'abîmer dans l'anonymat : *Fatigue ! Fatigue ! On ne nous lâchera donc jamais ?* telle est la fin de Plume [c]. Une circulation incessante règne entre les personnes, le regard de l'être à soi-même passe par toutes les distances, aucune image ne l'exprime mieux que celle de l'objectif photographique dont varient les focales. Des morceaux comme *L'étranger parle* [d] et *L'espace aux ombres* [e] offrent toutes les contaminations qu'il est possible d'espérer. Dans ce dernier texte même, le rapport des pronoms personnels avec les adverbes de lieu est tout à fait remarquable [24]. Un autre texte, *La troupe et nous* [f], pousse jusqu'à l'abstraction la génération et le mélange des personnes. Il est composé de courts paragraphes nettement séparés, chacun annoncé par un sous-titre. Le premier relève du nous et du on. *Nous la population, on ne veut pas de ça. On a notre vie quotidienne, nous.* Le second, *La salle silencieuse*, est une description objective, neutre. Le troisième dit je. Le quatrième met en scène un nouveau peuple, les Visps. Le cinquième est le *Portrait de l'un : C'est un aigle, Non c'est un homme.* Le sixième et dernier trace le *Portrait de l'autre* et il s'agit d'une grenouille. Rien ne semble pouvoir arrêter la prolifération des personnes dans ces pages presque démons-

a. *La Nuit remue*, pp. 138-139.
b. « *Quelque part, quelqu'un* », op. cit.
c. *Plume*, p. 176.
d. *Face aux verrous*, pp. 93-117.
e. *Ibid.*, pp. 169-194.
f. *Lettres Nouvelles* (mars 1955).

tratives. Mais c'est dans un texte beaucoup plus
long et des plus beaux, *La Ralentie* [a], qu'on aperçoit le mieux leur intime contamination.

*On tâte le pouls des choses, on y ronfle ; on a
tout le temps.* Rien ne dit plus clairement le on
que les quinze premières lignes. Puis : *Quelqu'un
dit. Quelqu'un n'est plus fatigué*, et cela même
appelle un nom : *Quelqu'un roule, dort, coud,
est-ce toi, Lorellou ?* C'est ensuite l'adresse à un
vous inconnu : *Les poutres tremblent et c'est
vous.* C'est alors que les personnes se mêlent
pour longtemps ne plus se dissocier, reprenant
tour à tour la parole :

On a perdu le secret des hommes.

Ils jouent la pièce en étranger. (...)

*Oh ! fagots de mes douze ans, où crépitez-
vous maintenant ?*

Le on suggère tour à tour toutes les surfaces de
l'être : *On n'est plus vaine. On n'envie plus. On
n'est plus enviée.* La voix impersonnelle, l'invocation anonyme, l'intervention d'une voix soudain, et c'est le retour au je le plus direct : *Et je
me disais : « Sortirai-je ? Sortirai-je ? Ou bien
ne sortirai-je jamais ? »* Les passages se font le
plus souvent sans transition réelle, on change
d'angle seulement, et chaque fois, pareil et différent, se poursuit le monologue sous le couvert
de ses multiples voix. Jusqu'à la fin où brusquement, le je se réaffirme de manière continue,
invoquant le nom d'une femme en qui s'incarne
l'espérance du dialogue : *Hier, tu n'avais qu'à
étendre un doigt, Juana ; pour nous deux, pour
tous deux, tu n'avais qu'à étendre un doigt.*

Les textes jouent entre eux comme les phrases

a. *Plume*, pp. 41-52.

entre elles. Les rapports de personnes prennent
plus la forme de juxtapositions que d'enchaîne-
ments progressifs mais ils sont de même nature.
Ainsi dans *La Nuit remue*, tous les premiers
textes sont placés sous le signe dominant du je
jusqu'à *Conseil au sujet des pins*, à partir de
quoi se succèdent six textes à la troisième personne (même si l'intrusion du vous dans plusieurs suppose encore implicitement le je qui
vient de disparaître). Suit alors *Dessins Com-
mentés*, description objective, à la troisième personne donc, mais introduite par quelques lignes
où l'auteur prend directement la parole. Puis le
je de narration habituel reprend, pour à nouveau
laisser place à d'autres sujets. On peut remarquer ainsi que dans la première partie de *Mes
Propriétés*, *Une vie de chien*, tous les textes sont
à la première personne à l'exception de deux,
Un homme prudent et *Dormir*, alors qu'ils
présentent une indiscutable similarité de ton et
de propos. Il serait facile de faire pour tous les
recueils le même inventaire et les mêmes
remarques. Dans *La Vie dans les plis*, *Portrait des
Meidosems* particulièrement, les changements
sont divers et multiples. Dans *Plume*, *Chant de
mort*, à la première personne, fait suite au texte
où l'on conte sur le mode objectif les naissances
de Pon. On observe dans *Ailleurs* un semblable
phénomène entre les chapitres, et même dans les
livres où le je se manifeste pourtant si directement, *Passages* aussi bien qu'*Ecuador*.

Il est manifeste qu'il n'y a pas de limite, d'une
part à la multiplicité des personnes, d'autre part
à leurs mutuelles alliances, que l'unité et la
diversité se trouvent dans un rapport étroit et
fascinant. Le projet de cette œuvre se confirme

et s'éclaire, elle est un monologue à plusieurs
voix. L'être se questionne pour plus de vérité sur
l'être, Henri Michaux propose un Henri Michaux
réfracté à l'infini. On peut ignorer ou vouloir
ignorer ce qu'il en est du premier, il faut seulement reconnaître qu'il se cherche, se découvre
et s'imagine dans le second. Entre le témoignage
direct et le témoignage indirect, jamais abandonné à l'un des deux, cette œuvre est une
quête, un imaginaire dans lequel il entre tour à
tour plus ou moins de la vérité personnelle d'un
homme et de son imagination créatrice, mais
jamais purement l'un ou l'autre. De la première
personne d'*Ecuador* à l'altérité de *Plume*, il
n'y a que des degrés du plus proche au plus
lointain, sans différence effective, qui s'assurent
l'un l'autre pour mieux tenir ensemble.

Le phénomène littéraire invite et oblige le plus
souvent à une disjonction préalable de l'auteur
et de l'œuvre, même si l'art et le souci du critique sont de les reconnaître dans leur unité
supérieure. On pourrait presque dire qu'il n'y a
ici ni auteur ni œuvre, tellement tout se tient
entre les extrêmes de l'homme subjectif et de
l'œuvre objective. L'extrême discrétion de
l'homme Michaux participe au paradoxe de son
œuvre, cet espace particulier de la géographie
littéraire peuplé de faux héros qui vont d'Henri
Michaux à Plume. Les autres ici sont encore les
mêmes, le mot de double ne signifie rien d'autre.
L'homme se dérobe derrière son premier double,
le plus intime de lui-même déjà porté ailleurs
par le langage, mais garde devers lui ses projections les plus lointaines car il a pour seul but
de se présenter à lui-même et de partout se
reconnaître pour se connaître mieux.

Rien ne s'exclut sans doute, et tout se continue. Un auteur et son œuvre ne s'échappent
jamais. Mais on arrive à cette certitude de nombreuses manières, en l'imaginant, l'éprouvant, la
prouvant plus ou moins, et les œuvres la rendent
diversement lisible. Michaux désarme le souci
du critique, car dans son sens comme sa forme
son œuvre situe ses propres médiations entre
l'auteur et son langage, esquissant toutes les
réponses dans l'éventail toujours ouvert des questions à soi-même. Le paradoxe de cette œuvre
est ainsi son équilibre absolu, et si elle déroute,
ce n'est que par son inouïe sagesse, un peu particulière, et sa manière implicite de récuser les
idées reçues de la création littéraire qui sont
comme les divers masques d'une démarche toujours renouvelée. L'œuvre de Michaux démasque,
ou plus réellement, intègre à son projet ses
propres masques. Elle propose et impose ainsi
une intime fusion entre ce qu'on peut appeler
un imaginaire direct et un imaginaire indirect.

Il reste à savoir à l'issue de ce parcours des
doubles, comment se répondent dans cette œuvre
invention et réalité, si l'on entend par réalité ce
qui peut communément être tenu pour véridique, et par invention l'inverse. Car un des
paradoxes de ce domaine où règne Michaux est
que ne s'attachant à dire que lui-même, c'est-à-
dire la réalité la plus secrète, il délivre en même
temps une fantasmagorie, c'est-à-dire l'invention
la plus lointaine.

LE RÉEL ET L'IMAGINAIRE

« *Docteur, je ne sais pas ce que j'ai, je vois
souvent rouler au loin des tours noires.* » Or,

*dans le fond de l'œil, un escargot lentement
glissait. Au patient, inquiet, que dit alors
l'oculiste* [a] *?* Invention et réalité s'opposent ici
clairement, et si à la lettre on ne peut accorder de crédibilité à aucune, ces lignes en forme
d'apologue illustrent parfaitement une dualité
fondamentale. Michaux est à la fois le patient
et l'oculiste, celui qui s'abuse et celui qui sait.
Il peut donner le sentiment de privilégier parfois l'un ou l'autre si on juge les textes séparé-
ment, jamais si on les saisit dans leur ensemble.
L'invention littéraire est en général moins riche
et moins diverse, mais aussi plus totale ; Michaux
n'invente que lui-même, c'est pourquoi l'œuvre
inclut de manière permanente la critique de l'invention. Michaux ne cesse ainsi de s'abandonner
et de se définir, et il est aussi faux de l'identifier
à ses inventions que de l'y soustraire [25]. Dans
le premier cas c'est faire implicitement de lui
un malade mental, dans le second un écrivain
traditionnel. Michaux n'est ni l'un ni l'autre,
il est le critique de ses propres fictions, on ne
peut comprendre autrement le constant équilibre
de l'œuvre entre la réalité et l'invention, le
réel et l'imaginaire. Michaux fait toujours la
moitié du chemin, c'est la raison perpétuelle
de son entreprise, la clef qui n'ouvre rien mais
oblige à regarder l'énigme d'une façon particulière. Tout est dans l'œuvre, plus ou moins,
et sous divers déguisements. Il suffit de bien
lire.

*Une habitude très mienne. Voici les circons-
tances : c'est quand je suis étendu et que néanmoins le sommeil ne vient pas. Alors je me*

a. *Face aux verrous*, p. 65.

*comble. Je me donne en esprit tout ce qu'il me
plaît d'obtenir. Partant de faits personnels toujours réels et d'une ligne si plausible, j'arrive
doucement à me faire sacrer roi de plusieurs
pays, ou quelque chose de ce genre. Cette habitude est aussi vieille que ma mémoire, et je ne
reste pas plusieurs jours sans me donner cette
satisfaction* [a].* Ces lignes, pourra-t-on dire,
relèvent trop d'un *je* de confession ? On les
retrouve partout sous des formes multiples, dans
les textes les plus délibérément fictionnels, au
cœur même des royaumes imaginaires. *Parfois
je respire, plus fort et tout à coup ma distrac-
tion continuelle aidant, le monde se soulève
avec ma poitrine. Peut-être pas l'Afrique, mais
de grandes choses* [b]. Ou bien :

*J'étais autrefois bien nerveux. Me voici sur une
nouvelle voie :*

*Je mets une pomme sur ma table. Puis je me
mets dans cette pomme. Quelle tranquillité* [c] *!*
Ce texte s'intitule *Magie* [26] ; on sait quel rêve fou
hante Michaux, combien de pages traduisent le
désir farouche d'une efficience sans limites, la
nostalgie d'un royaume où les regards, les gestes
et les mots auraient pouvoir et confirmeraient
l'être, où la fiction serait réalité. On sent partout
une aspiration un peu désespérée à la magie.
Mais Michaux dit clairement l'écart qui demeure
toujours, il dénonce cet espace turbulent et frénétique où l'imagination s'ébroue, allant même
jusqu'à des analyses d'une extrême précision.
Il raconte par exemple comment depuis des mois
une tête énorme qui se heurte à tous les obstacles

a. *Ecuador*, p. 49.
b. *La Nuit remue*, p. 31.
c. *Plume*, p. 9.

lui apparaît, le soir, lorsqu'avant même d'y être poussé par la fatigue, il éteint la lumière : *Si je comprends bien, c'est ma solitude qui à présent me pèse, dont j'aspire subconsciemment à sortir, sans savoir encore comment, et que j'exprime de la sorte, y trouvant surtout, au plus fort des coups, une intense satisfaction* [a]. Il ajoute : *Cette tête vit, naturellement, elle possède sa vie.* Il décrit sa lutte, le combat sauvage du corps dont l'armoire à glace est la cible d'élection. Rien n'arrête la férocité de ce corps, mais le narrateur avoue le sentir très différent du sien, fluide et dur, infiniment souple et mobile. C'est le premier retour sur soi, avant la pleine restriction de la conscience que traduit la phrase finale ; signe entre mille autres d'une passion fervente et douloureuse de la lucidité : *Ensuite, pourtant, à la réflexion, je suis bien surpris, je suis de plus en plus surpris qu'après tant de coups, l'armoire à glace ne soit pas encore fêlée, que le bois n'ait pas eu même un grincement* [b]. Il est important que cette désignation de l'imaginaire soit aussi fréquente et aussi rigoureuse dans l'univers de la fiction que dans celui de la critique et de la confession. Cette continuelle observation de soi jette une passerelle de plus entre la réflexion et l'invention, elle aide à les décrire et à les distinguer, et les rend indissociables en se poursuivant sur les deux plans de manière égale et en établissant à tous les niveaux leur échange constant. C'est là un des paradoxes qui rend l'œuvre exemplaire : il faut pour la comprendre s'aider des principes qui en sont le sens, la forme et la chair.

a. *Plume*, p. 14.
b. *Ibid.*, p. 15.

C'est pour cela, je pense, qu'une pensée de survol est particulièrement dangereuse pour approcher Michaux ; on doit rester au cœur des textes,
épouser leurs contours et être enfin avec l'œuvre
comme l'auteur avec lui-même : soucieux et vigi-
lant.

Michaux donc, décrit la guérison d'une blen-
norragie par la *Puissance de la volonté* [a] : il
suscite par la pensée la femme avec qui il l'a
contractée, et la chasse chaque fois avant que
l'amour ne s'accomplisse. C'est ici la méthode
qui importe car le degré de réalité du fait n'est
pas situé. Michaux parle ailleurs *De la difficulté
de revenir en arrière* [b]. Pendant deux pages d'une
extrême subtilité où l'on ne sait pas plus que le
narrateur ce qui témoigne du réel ou de l'imaginaire, celui-ci s'interroge sur un accident qui
lui aurait cassé les deux jambes. Il cherche même
dans sa mémoire un fait préalable à l'accident,
que ce fut réalité ou évocation, afin *de prendre
un autre chemin que celui par lequel avait
débouché le bruyant et stupide cinq tonnes.* C'est
alors que jeté *dans une autre préoccupation,* il
se trouve soudain délivré ; *débarrassé du plus
gros de l'inquiétude, je soulevai les couvertures
sur mes jambes qui me parurent intouchées et
très propres à me porter dès que je voudrais
quitter ce lit de proie, qui venait de m'empêtrer
en moi, pour avoir voulu me retirer de la com-
pagnie des autres.* Il est admirable de parvenir
à se situer ainsi dans sa propre particularité,
d'analyser le retranchement de la personne et
le rêve de brisure du corps par une relation

a. *La Nuit remue,* pp. 144-145.
b. *La Vie dans les plis,* pp. 69-71.

défectueuse avec autrui et le monde. Et le plus
étonnant est que Michaux reconnaisse à de tels
signes qu'il y a pour lui un monde et ainsi une
réelle autonomie de l'être. C'est le sens de la
rêverie du torpilleur... *Lorsque, étant sur ma ter-
rasse, j'en vois un approcher, je lui tire mentalement quelques coups de canon (sans méchanceté aucune d'ailleurs) et le coule. Après quoi,
je me remets à lire et le laisse entrer en rade où
il ne me gêne du reste en rien. (...) Le tout est
devenu machinal. Que dire encore ? Je ne puis
m'associer vraiment au monde que par gestes.
A cela je sais que le torpilleur fait partie de mon
monde* [a]. Comment mieux situer les rapports du
réel et de l'imaginaire ? Michaux ne craint pas
de faire les distinctions les plus explicites. Il
évoque par exemple comment il soumet les gens
impossibles à *La séance de sac* : *La joie que j'aurais à les mettre à la porte en réalité est retenue
au moment de l'action par les délices incompa-
rablement plus grandes de les tenir prochaine-
ment dans le sac* [b]. Et il dit enfin : *C'est pourquoi dans le réel, comme on dit, je ne fais de mal
à personne* [c].

L'imaginaire, qui possède en général une
apparence fantastique, est presque toujours situé,
et devient ainsi immédiatement crédible. Cela
tient à l'importance de la description, à la maté-
rialisation continuelle des données subjectives ou
abstraites, à la syntaxe et au vocabulaire, à une
langue dont l'étude ne peut réellement expliquer
l'essentiel, ce ton de naturel qui rend aussitôt
l'invraisemblable quotidien et met l'invisible

a. *Passages*, p. 20.
b. *La Vie dans les plis*, p. 10.
c. *Ibid.*, p. 13.

à portée de la main. *Il ne s'agit plus de faire le fier à présent. Emme a un parasite qui ne le lâche plus* [a]. *Il est temps de le dire : je règne sur des monstres* [b]. Comment douter de ce qui est dit ainsi ? L'usage parfois de la lettre répond au même souci d'intimité et d'évidence. Il est fréquent aussi que ce naturel serve une sorte de faux étonnement qui permet d'autant plus la crédibilité que sa logique est simple et immédiate, comme si soudain le recours à la normalité du réel donnait la distance de l'imaginaire tout en permettant de l'accréditer. Il est difficile d'en donner des exemples car il faudrait citer certains textes dans leur totalité pour montrer clairement cette méthode narrative. Ces quelques lignes pourront peut-être la suggérer :

Toute la longue nuit, je pousse une brouette... lourde, lourde. Et sur cette brouette se pose un très gros crapaud, pesant... pesant et sa masse augmente avec la nuit, atteignant pour finir l'encombrement d'un porc.

Pour un crapaud avoir une masse pareille est exceptionnel, garder une masse pareille est exceptionnel, et offrir à la vue et à la peine d'un pauvre homme qui voudrait plutôt dormir, la charge de cette masse est tout à fait exceptionnel [c].

Le ton de réalisme est encore accru par un afflux de références dont l'objectivité n'est pas récusable. Dans un dialogue avec son double Qui-je-fus, le narrateur cite par exemple un livre de Franz Hellens, *Nocturnal*. Les Banto passent pour avoir apprivoisé la parpue ; cet animal

a. *La Nuit remue*, p. 59.
b. *Face aux verrous*, p. 208.
c. *La Nuit remue*, p. 24.

n'existe pas, peut-être non plus la peuplade.
Mais qui rapporte ce fait ? *Astrose contemporain
d'Euclide* [a]. Enfin ce n'est pas au pays de la
magie *que l'on rencontrerait des Néron, des
Gilles de Rais* [b]. La référence peut être d'ordre
géographique et coutumier, aussi bien que cul-
turel. *Même en Chine je ne vis pas cela* [c], dit le
voyageur devant le marché d'enfants qui se tient
dans la province de Gornoba. Quand on fait le
portrait d'un homme, on évoque *sa grande sympathie pour les Hindous* [d]. On trouve aussi la
terre dans un monde où on ne l'attendait plus [e],
on fait appel à des lieux définissables sur un
plan. *C'est une erreur de croire si vous habitez
avenue de l'Opéra qu'il y passe quantité d'autos* [f].
On parle de la rue d'Antin et de Louis XIV, de
la rue Ventadour et de la Maison-Blanche, on cite
ensemble des races d'insectes dont l'une existe
apparemment et l'autre apparemment pas : *A
côté de notre territoire, celui des guêpes géantes
et des Custives éléphantines était dangereux* [g].
Si se déroule l'événement le plus fou, le plus
inhumain et le plus intemporel, on dit seulement, après que Barabo et Poumapi se sont arraché jusqu'aux os : *La lutte était terminée, du
moins pour aujourd'hui* [h], et la chose paraît d'autant plus naturelle. Naturels sont aussi les pays
et les noms inventés. On dit *en Dalanchie* [i] ou

a. *La Nuit remue*, p. 155.
b. *Ailleurs*, p. 182.
c. *Ibid.*, p. 225.
d. « *Portrait d'homme* », *op. cit.*
e. *Face aux verrous*, p. 176.
f. *La Nuit remue*, p. 35.
g. *Face aux verrous*, p. 125.
h. *La Nuit remue*, p. 63.
i. *Face aux verrous*, p. 150.

en *Emangle* [a] comme on ferait pour le Tibet ou l'Afrique, on dit *paysage Meidosem* [b] ou *palissade meidosemme* [c] comme bière allemande ou tapis persan.

Ces multiples références à la réalité objective et commune achèvent de situer l'imaginaire. Le paradoxe de la proximité et de la distance s'incarne dans les mots et devient une voix de l'évidence. Peu d'œuvres réalisent un pareil échange pour y trouver à ce point leur forme et leur sens, leur équilibre spontané. L'étrange se fait naturel, et la nature étrangeté. Ce sentiment se précise encore devant les livres à caractère critique et documentaire. La médiation joue en sens inverse. Je pense par exemple au texte de *Passages* sur le réveil dont j'ai déjà parlé, à d'innombrables pages d'*Ecuador*, à telle remarque sur la Chine qui renvoie soudain à Plume : *Vous demandez un renseignement dans la rue à un Chinois, aussitôt il prend la poudre d'escampette.* « *C'est plus prudent, pense-t-il. Ne pas se mêler des affaires d'autrui. On commence par des renseignements. Ça finit par des coups* [d]. »

L'œuvre de Michaux obéit à un constant principe de contamination. L'imaginaire et le réel n'y sont pas plus dissociables qu'ils ne le sont dans l'être, qu'ils ne le sont aussi entre un homme et son œuvre, et rien n'est clairement séparable dans cette écriture faite d'un tissu subtil où s'harmonisent la connaissance la plus rigoureuse et les rêves les plus fugaces. On lit partout les signes de cette contamination : sou-

a. *Ailleurs*, p. 51.
b. *La Vie dans les plis*, p. 197.
c. *Ibid.*, p. 154.
d. *Un Barbare en Asie*, p. 163.

vent de manière implicite, comme dans la très
belle fin de *Vieillesse de Pollagoras*, citée déjà
pour évoquer la présence diffuse du double ; parfois sur un ton direct et presque abstrait, par
exemple dans la préface à ses voyages imaginaires. Les mots toutefois ne sont pas serviteurs
et ne donnent jamais l'idée dans sa transparence.
Ils errent aussitôt dans l'équivoque si belle du
langage, comme dans cette préface qui tombe
déjà sous le coup des questions que son sens
invite à poser.

L'auteur a vécu très souvent ailleurs : deux
ans en Garabagne, à peu près autant au pays
de la magie, un peu moins à Podemma. Ou beau-
coup plus. Les dates précises manquent.

Ces pays ne lui ont pas toujours plu excessive-
ment. Il s'y est trouvé plus à l'aise qu'en Europe.
C'est déjà quelque chose. Par endroits, il a failli
s'y apprivoiser. Pas vraiment. Les pays, on ne
saurait assez s'en méfier.

Il est revenu à Paris après chaque voyage. Il
n'a pas une résistance indéfinie.

Certains lecteurs ont trouvé ces pays un peu
étranges. Cela ne durera pas. Cette impression
passe déjà a. Le langage formule l'invention,
modèle la réalité et leur dialogue se poursuit
selon cet itinéraire à la fois hasardeux et incroya-
blement exact. On dirait un grand rêve conscient.
Peu importe en définitive de savoir ce qui est
plus de l'être ou ce qui est plus du monde, noués
et enlacés qu'ils sont dans l'intimité changeante
de la parole. Les mêmes phrases, la même culture, la même curiosité, la même angoisse et la
même innocence, servent à décrire la Chine et

a. *Ailleurs.*

la Grande-Garabagne, l'Equateur et Podemma, toujours on les sent proches sur la carte du sens et celle du langage ; au pays de la magie on évoque l'Europe et sa pensée *a*, on parle des mages comme on l'a fait des Hindous et on énonce de la même manière leurs préceptes religieux *b*. Un être se cherche, s'angoisse, se retrouve, et au cours des fictions les plus étranges naissent soudain des mots qu'on ne présumait pas et que Michaux apprend à attendre partout. *D'ailleurs je ne tue plus. Tout lasse. Encore une époque de ma vie de finie. Maintenant je vais peindre, c'est beau les couleurs, quand ça sort du tube, et parfois encore quelque temps après. C'est comme du sang c.* C'est parce qu'un homme parle sans aucun masque que tout peut paraître étrange et vrai, d'une telle évidence au cœur de l'arbitraire. Au pays lointain d'où s'en vient la lettre, il n'y a qu'un soleil par mois et il naît des nains, les lions mangent les jeunes filles et l'on s'agenouille devant les montagnes, mais aussi la jeunesse et l'aurore sont malades, les arbres tremblent et chacun vit la gorge serrée : *Est-ce que la vie sur terre ne pourrait pas se poursuivre sans vent ? Ou faut-il que tout tremble, toujours, toujours d ?*

La contamination est plus qu'un motif, elle dessine l'œuvre, elle est son mouvement, et que toujours Michaux la nomme ne l'empêche pas d'être, mais lui confère seulement ce ton sans fard de la conscience critique. Tout est bon à Michaux pour l'exprimer, la vivre et la rendre

a. *Ailleurs*, p. 206.
b. *Ibid.*, p. 236.
c. *La Vie dans les plis*, p. 46.
d. *Plume*, p. 75.

visible, elle a tous les visages de la diversité
humaine. Une énorme bataille se livre ainsi pendant la nuit entre je et son Roi. Des descriptions
détaillées donnent à cette lutte un air manifeste
de réalité, une sorte d'évidence naturaliste qui
semble dans son excès revendiquer le regard du
témoin objectif, lorsque dans les dernières lignes
la subjectivité soudain réintroduite renvoie violemment le certain au probable et met en scène
le rapport entre le relatif et l'absolu : *Impercep-
tibles sont les mouvements de sa face, impercep-
tibles* [a]. Le contrepoint renverse ici la proposition
initiale, souvent on débouche aussitôt sur la
fusion totale par l'objectivation matérielle et les
références locatives. Il y a, si l'on y réfléchit,
quelque chose de parfaitement insidieux dans le
fantastique de Michaux. *Qui, me connaissant,
croirait que j'aime la foule ? C'est pourtant vrai
que mon désir secret semble d'être entouré. La
nuit venue, ma chambre silencieuse se remplit
de monde et de bruits, les corridors de l'hôtel
paisible s'emplissent de groupes qui se croisent
et se coudoient, les escaliers encombrés ne suffisent plus ; l'ascenseur à la descente comme à
la montée est toujours plein. Le boulevard Edgar-
Quinet, une cohue jamais rencontrée s'y écrase,
des camions, des autobus, des cars y passent, des
wagons de marchandises y passent et comme si
ça ne suffisait pas, un énorme paquebot comme
le « Normandie » profitant de la nuit, est venu
s'y mettre en cale sèche, et des milliers de mar-
teaux frappent joyeusement sa coque qui
demande à être réparée* [b].

a. *La Nuit remue*, p. 19.
b. *Ibid.*, p. 22.

Les modes selon lesquels se perpétue l'échange sont innombrables et ne peuvent en aucun cas relever d'une typologie précise. Parler de modes est même trop, tellement l'écriture a d'infinie souplesse. Michaux dicte le sens de sa propre démarche. On excusera la longueur de ce passage admirable, mais il faut le citer tout entier : il suggère et résume absolument tout ce qui précède.

Je rêvais que je dormais. Naturellement, je ne me laissais pas prendre, sachant que j'étais éveillé, jusqu'au moment où, me réveillant, je me rappelai que je dormais. Naturellement, je ne me laissais pas prendre, jusqu'au moment où, m'endormant, je me rappelai que je venais de me réveiller d'un sommeil où je rêvais que je dormais. Naturellement je ne me laissai pas prendre jusqu'au moment où perdant toute foi, je me mis à me mordre les doigts de rage me demandant malgré la souffrance grandissante si je me mordais réellement les doigts ou si seulement je rêvais que je me mordais les doigts de ne pas savoir si j'étais éveillé ou endormi et rêvant que j'étais désespéré de ne pas savoir si je dormais ou si seulement je... et me demandant si...

Et ainsi d'insomnies en inutiles sommeils, je poursuis sans m'abandonner jamais un repos qui n'est pas un repos, dans un éveil qui n'est pas un éveil, indéfiniment au guet, sans pouvoir franchir la passerelle quoique mettant le pied sur mille, dans une nuit aveugle et longue comme un siècle, dans une nuit qui coule sans montrer de fin [a].

Cette nuit sans fin, c'est la route des doubles,

a. *Face aux verrous*, pp. 157-158.

le lieu des métamorphoses et le parcours de l'être, l'itinéraire auquel la contamination assigne son véritable sens. L'être se constitue et se découvre dans l'imagination de l'écriture, il vient au jour dans des chaînes verbales et des constellations de phrases. L'itinéraire est ce lieu changeant de la parole, un mouvement turbulent de mots toujours en progrès sur lui-même. Si le corps, on l'a vu, est un premier langage, il y a un corps du langage qui demeure à décrire. Le corps et le langage sont les deux commencements d'une même origine, ils s'assurent, et se rendent l'un l'autre déchiffrables. C'est l'envers ou l'endroit de l'être, comme on veut, qu'il faut considérer pour esquisser l'itinéraire frémissant d'une totalité.

L'IMAGE

Tout langage se définit par ses images. J'ai jeté très brièvement les prémisses d'une description thématique, les exemples ont pu donner une idée de leur dynamique et de leurs tonalités fondamentales. C'est ici leurs formes qui nous intéressent.
Michaux. Mais qu'entend-on exactement par
On évoque souvent la richesse des images de
image ? Curieusement, Michaux n'est là que d'un faible secours. On rencontre bien au hasard des textes quelques indications éparses, mais rien qui éclaire vraiment. Une seule formulation précise : *L'image : fixation de l'idée. L'abstrait — abstrait est une manière de rester en course. L'image est un procédé d'ancrage, le retour au solide. Sans images, l'abstrait ne ferait*

*pas sa preuve. On ne saurait si c'est une idée ou
ramer dans le vide. L'image est la preuve de son
aboutissement, de son atterrissage, son repos
mérité. On n'avance que par abstractions, on n'a
de repos que dans l'image*[a]. Ces lignes sont
extraites d'un livre sur la drogue, il semble
pourtant que cette définition veuille être générale puisque Michaux l'oppose à la moindre
valeur des images dans la mescaline. Mais cela
n'est pas suffisant. Il faut distinguer entre produit de l'imagination — plus exactement la
création — et l'image proprement dite, c'est-à-
dire entre l'invention et la métaphore. L'invention peut avoir une forme métaphorique et la
métaphore une valeur d'invention, tout langage
en fait la preuve. On ne peut cependant les
confondre : elles diffèrent par leur signification
comme par leur forme linguistique.

Il y a chez Michaux infiniment plus d'invention que d'images. Ses remarques précédentes
semblent accorder une grande importance à
l'image mais ne soulignent pas cette distinction.
Si l'on s'en tient à l'invention, Michaux est un
des auteurs les plus imagés qui soient, si l'on
s'en tient à la métaphore, il est — parmi les
auteurs considérés comme poètes et même de
nombreux prosateurs — un de ceux qui le sont
le moins. La Parpue, la Darelette, les Meidosems, toutes les inventions innombrables et
multiformes qui fondent en apparence le
caractère imagé de l'univers de Michaux, ne sont
pas des images, ou on doit alors faire appel à la
psychanalyse et parler de symboles. Ce serait
orienter le débat sur un autre terrain où il trou-

a. *Misérable Miracle*, p. 41.

verait peut-être sa résolution finale. Mais ce n'est
pas notre propos. Il faut savoir comment la langue
de Michaux se définit par rapport à la métaphore,
figure par laquelle la signification naturelle d'un
mot est changée en une autre — ou ces formes
adjacentes que sont la comparaison et l'analogie.

Le langage de Michaux, à la fois direct et allusif, nomme et suggère. Le dévoilement lumineux de l'image véritable, le rapport fulgurant
des sonorités, les collusions insoupçonnées du
vocabulaire lui sont peu familiers. Sa phrase
tend à définir, sa langue est descriptive, son
vocabulaire précis, le verbe être assure la
démarche d'une évidence nominative. *C'est un
Meidosem. C'est une peine qui court. C'est une
fuite qui roule. C'est l'estropié de l'air qui
s'agite, éperdu* [a]. Ce ne sont pas là des images,
mais des qualifications. Le réalisme et la maté-
rialisation dont on a vu partout l'exemple
suscitent un flot d'images qui n'en sont pas vraiment et dont l'objet essentiel est de traquer la
vérité par la répétition. Il y a chez Michaux une
sorte de frénésie dans la répétition des essences,
comme s'il s'assurait ainsi à la fois de l'objectivité du monde et de son sens caché. Si l'on choisit en effet une image, disons plus justement un
thème, particulièrement fréquent, on s'apercevra que cette pluralité de la définition correspond à un double mouvement. La boule, la
sphère ou la bulle par exemple apparaissent en
général à la fois dans leur réalité spatiale,
c'est-à-dire comme objet, et dans leur réalité
latente, c'est-à-dire comme symbole. On se
trouve devant deux types de compréhension qui

a. *La Vie dans les plis*, p. 144.

ont leur unité dans le pouvoir des mots et dans l'être, qui se chevauchent et s'échangent sans cesse, mais renvoient malgré tout à des approches singulières : la première relève plus d'une phénoménologie, la seconde d'une psychanalyse. Ce n'est pas qu'il y ait un écart véritable de la vision au sens caché, de la description à l'interprétation, mais on peut engager le dialogue avec la phrase par l'un ou l'autre côté. La lecture comme l'écriture idéale se situent justement à la jonction exacte de ces deux compréhensions. Michaux met cela en lumière de manière étonnante. Sa phrase, de manière plus ou moins évidente, joue cette ambiguïté de l'être. C'est là, je crois, un des signes les plus manifestes d'une lucidité qui, même dans les plus grandes débâcles du corps et de l'esprit, ne désarme jamais. On comprendra alors que Michaux use peu de l'image véritable. Elle repose essentiellement sur la reconnaissance et la création d'un rapport, demande une induction passionnelle du regard, un abandon frénétique à soi-même et au monde. Ainsi se trouve-t-elle dans cette œuvre étrangement dépossédée.

On en trouve, bien sûr, de réelles métaphores qui soudain surprennent et ouvrent un sillage d'inconnu. *Icebergs, Icebergs, dos du Nord-Atlantique, augustes Bouddhas gelés sur des mers incontemplées, Phares scintillants de la Mort sans issue, le cri éperdu du silence dure des siècles* [a]. C'est plus nettement encore, sans se contenter comme ici de juxtapositions adjectives, que Michaux parle de *la corne du jour* [b]

a. *La Nuit remue*, p. 93.
b. *Ailleurs*, p. 74.

ou du *polygone barbelé du Présent sans
issue* [a], qu'il évoque *la brume tiède d'une
haleine de jeune fille* [b] et nomme une Meidosemme *lune qui s'accroche, lune qui se
décroche* [c] ; on peut penser aussi aux yeux, à
*l'œil de beurre des tonneaux, les yeux de bette-
rave de la foule, les yeux d'aiguilleur de
l'urètre* [d], encore qu'il s'agisse autant d'une
description, aussi folle semble-t-elle dans son
magnifique arbitraire, que de la réelle instau-
ration de nouveaux rapports. Quand on lit par
exemple : *Mon navire brise-silence avance seul
dans la nuit* [e], on sent bien la fragilité qu'il y a à
parler d'image : l'expression se situe entre l'invention et la métaphore. On y décèle à la fois
l'objectivité d'une action imaginaire et l'ouverture d'un rapport.

En fait Michaux indique des analogies et
suscite des comparaisons beaucoup plus qu'il ne
s'adonne à la métaphore. Il est juste alors de
parler de la richesse de ses images, mais on doit
s'entendre sur le mot, car tout ce qui touche à
l'image touche à l'idée de poésie. Michaux
décrit, raconte, évoque, analyse. Il recherche
une objectivité toujours plus grande, donne des
précisions, souligne des détails. Les Hacs par
exemple ont la face piétinée *comme betterave* [f],
un jeune Meidosem est menacé par une terrible
tour *penchée sur lui comme l'écroulement
proche d'un building sur l'auvent d'un petit*

a. *La Vie dans les plis*, p. 159.
b. *Plume*, p. 85.
c. *La Vie dans les plis*, p. 141.
d. *La Nuit remue*, p. 170.
e. *Passages*, p. 128.
f. *Ailleurs*, p. 12.

pavillon [a]. Si l'on choisit un long texte parmi les plus fantastiques, un de ceux qui font passer Michaux pour un créateur d'images, comme la description des Emanglons dans *Voyage en Grande-Garabagne*, on s'apercevra que dans cet ensemble de trente-six pages, on rencontre seulement neuf figures de style auxquelles on peut prêter le nom d'images et aucune métaphore. La première aide à décrire l'expression du visage de l'Emanglon : *avec ce regard sombre et parlant, quoique pour ne rien dire d'intelligible, qu'ont parfois de vieux chiens malades et rhumatisants près d'un maître méchant mais auquel ils se sont attachés* [b]. L'Emanglon voyage de jour *enfermé comme un colis* [c]. En Emangle la santé est *plutôt semblable à la surface de la mer* [d] et l'on chasse l'Ecarassin *aussi agile que la loutre avec qui il présente bien de la ressemblance* [e]. Le narrateur évoque *une espèce de dégel intérieur* [f], et emploie les mots suivants pour décrire la maison de l'Emanglon : *Comme un véhicule sur la route ; le tout forme quelque chose comme un chapeau dont les bords seraient très relevés* [g]. Quant à la ranée, leur bête de somme, *elle tient un peu de l'âne* [h], et l'Ouglab possède *une oreille de polichinelle* [i]. Il n'y a là que des images qui servent à poursuivre une description, aident à ancrer l'abstrait et permettent ainsi de nuancer

a. *La Vie dans les plis*, p. 179.
b. *Ailleurs*, p. 28.
c. *Ibid.*, p. 28.
d. *Ibid.*, p. 32.
e. *Ibid.*, p. 35.
f. *Ibid.*, p. 37.
g. *Ibid.*, p. 50.
h. *Ibid.*, p. 54.
i. *Ibid.*, p. 58.

les innombrables nominations qui sont l'essentiel du langage de Michaux.

J'aurais sans doute pu choisir un autre texte et ainsi rencontrer plus d'images, j'aurais pu choisir aussi des textes où n'en figure aucune. Je pense à *Ma Vie* [a], *Dans la Nuit* [b], *Petit* [c], qui comptent pourtant parmi les *poèmes*, si l'on se réfère à leur situation dans les volumes. L'écriture en est claire et transparente, aucun éclair ne vient en blesser la fluidité légère.

Cette rareté d'images et la richesse aussi de cette imagination jettent sur cette langue un étrange éclairage. L'image s'adjoint au mouvement de l'écriture beaucoup plus qu'elle ne le suscite et se coule avec naturel dans le flot du langage. Il est rare que la phrase s'ordonne autour d'elle comme par une aimantation subtile, l'image n'a rien chez Michaux de ce noyau solide et fier qui attire et repousse des constellations de mots ni de la comète solitaire dont la queue flamboyante illumine des poussières de phrases. On sait l'importance de l'image dans l'écriture poétique : l'attitude de Michaux relève alors de la prose autant que de la poésie. La différence entre le prosateur et le poète commence à l'usage des mots, le langage de Michaux ne consacre pas cette différence ; on dissocie toujours la prose de la poésie, son œuvre ne semble pas permettre de le faire ; on l'appelle poète et la définition s'inscrit en faux. Michaux pose une énigme à la prose et à la poésie, au prosateur et au poète. Il ne reste qu'à interroger ce langage et chercher des réponses successives dans des

a. *La Nuit remue*, p. 92.
b. *Plume*, pp. 92-93.
c. *La nuit remue*, p. 177.

phrases dont le plus beau mérite est de jouer en
liberté la comédie de l'être.

LA PROSE

Le premier caractère de l'écriture de Michaux
est d'obéir à une syntaxe qui assure l'ensemble
des relations grammaticales. Sa phrase est extrêmement nuancée, elle montre souvent une très
grande simplicité, mais ne craint pas de s'essayer aux plus subtiles compositions, et je ne
crois pas qu'il y ait dans la langue de possibles
dont Michaux n'ait usé. *Comment pourra-t-elle
intervenir, paralysée comme elle est. Certes le
chat profitera de la situation, qui dut être bien
longue, car le chat aime méditer. Je ne sais ce
qu'il fit exactement, mais je me souviens que
comme il était occupé à donner de vifs et allègres
coups de griffes sur la joue de l'enfant, je me
souviens que la mère faute de pouvoir crier, dit
dans un souffle désespéré et tendu « filain chat »
(elle disait fi pour mettre plus de force), elle
souffla ensuite dans la direction du chat le plus
qu'elle put, puis s'arrêta horrifiée, comprenant,
son souffle perdu, qu'elle venait de jeter sa dernière arme. Le chat toutefois ne se jeta pas sur
elle. Ensuite, je ne sais ce qu'il fit* [a]. Des passages comme celui-ci sont extrêmement fréquents : une phrase longue, d'une grande
variété linguistique, est entourée de phrases
courtes un peu élémentaires. Ce jeu de la richesse et de la pauvreté est une des formes de l'art
du récit chez Michaux. Car, on ne doit jamais

a. *La Nuit remue*, p. 27.

l'oublier, l'essentiel de son œuvre tient dans ce mot récit. Si on demandait : en un mot, que fait donc Michaux ? Je répondrais : il raconte.

Michaux utilise ainsi beaucoup de pronoms relatifs et circonstanciels, de conjonctions et d'adverbes, bref tous les « petits mots » qui permettent d'organiser la phrase, d'en varier le rythme, d'en nuancer le sens. On peut compter par exemple en douze lignes de texte : *alors que, il est dommage que, si furieux que, pour cette raison qu'on, néanmoins* [a] ; cela n'est pas rare et montre assez bien le souci critique et descriptif d'une prose qui veut utiliser chacune de ses ressources. On le voit jusque dans la ponctuation : l'usage des points de suspension est courant, et non pas tant pour doter la phrase d'une aura évocatrice que pour donner le sentiment d'une écriture qui se continue, dont seule nous est donnée la part visible alors qu'ailleurs se perpétue la part souterraine [27]. Ainsi les points de suspension introduisent parfois les textes : *Notes de zoologie* [b], *Chant dans le labyrinthe* [c] ; le sens de *La lettre dit encore* [d], de *L'espace aux ombres* [e] surtout, repose largement sur ce signe de ponctuation. Michaux se sert aussi beaucoup de la parenthèse, pour souligner de nombreux détails, signes d'une curiosité toujours en éveil. *Mais ils ont un éclat dont rien n'approche dans la nature (inférieur cependant à celui de l'arc électrique* [f]*)*. L'usage répété de

a. *Ailleurs*, p. 15.
b. *La Nuit remue*, p. 153.
c. *Labyrinthes*, pp. 9-18.
d. *Epreuves, Exorcismes*, pp. 59-61.
e. *Face aux verrous*, pp. 169-194.
f. *Ailleurs*, p. 168.

la parenthèse contribue à donner à cette prose
une de ses allures particulières : *Les espèces
ayant gardé leur base dans le pot (c'est-à-dire
ceux dont le cordon ombilical, si je puis l'appeler de ce nom, n'a jamais pu être sectionné) sont
molles et monstrueuses et présentent des formes
extravagantes et en variété infinies (grâce à certaines substances que l'on continue d'ajouter
dans le liquide du pot)* [a].

La phrase de Michaux, on le voit, manque parfois de légèreté, elle ploie sous le flot des imagi-
nations, s'encombre de restrictions et de subti-
lités, comme si elle voulait ne rien laisser échapper. Mais elle sait être aussi, elle est le plus
souvent d'une grande souplesse, sèche ou fluide,
précise et déliée. Deux types de phrases sont particulièrement fréquents ; la phrase abstraite qui
définit et enseigne : *Une coquette ne réussira
pas, une brutale non plus. Il y faut des qualités
de fond, une nature vraiment féminine* [b] ; la
phrase neutre, blanche et osseuse, qui s'en tient
sans aucun apparat à la stricte relation d'un événement ou d'un état. Le vocabulaire en est
volontiers d'une rare matité, sa pauvreté fait sa
vertu. *Voilà déjà un certain temps que je
m'observe sans rien dire, d'un œil méfiant* [c]. Les
adjectifs y sont rares et surtout tellement communs, qu'ils ne surprennent pas ; on les oublie
presque : *Le panari est une souffrance atroce* [d].
La phrase a un air d'évidence, l'abstrait et le
neutre se confondent, on touche à l'une des tona-

a. *Ailleurs*, p. 292.
b. *Ibid.*, p. 25.
c. *La Nuit remue*, p. 113.
d. *Ibid.*, p. 137.

lités fondamentales de l'expression de Michaux : *Je n'ai guère fait de mal à personne dans ma vie. Je n'en avais que l'envie. Je n'en avais bientôt plus l'envie. J'avais satisfait mon envie* [a]. Les auxiliaires sont employés constamment, particulièrement le verbe être qui entre pour beaucoup dans la forte impression de linéarité qui naît de cette prose. Il exprime à la fois la fragmentation et l'unité, dévoile la multiplicité des états et des idées abstraites ; le mouvement ne naît ainsi que de la répétition des essences. Les autres verbes désignent également une infinité d'actes, mais l'attaque des mots est souvent si semblable que les différences de sens s'abolissent un peu dans la respiration de la phrase. Michaux écrivait de la Cordillère des Andes : *Il y a dans la monotonie une vertu bien méconnue, la répétition d'une chose vaut n'importe quelle variété de choses, elle a une grandeur très spéciale et qui vient sans doute de ce que la parole ne peut que difficilement l'exprimer ni la vue s'en rendre compte* [b]. Sa langue désavoue cette difficulté, elle réussit à enseigner comment l'être se raconte toujours de diverse et semblable manière.

Michaux est un narrateur, toute remarque sur la syntaxe s'applique particulièrement aux verbes et aux temps [28]. Michaux les utilise comme tout prosateur et avec plus d'aisance et d'art que beaucoup. *Ce jour-là, ils noyèrent le chef de cabinet et trois ministres. La populace était déchaînée. La famine de tout un hiver les avait poussés à bout. Je craignis un moment*

a. *La Vie dans les plis*, p. 12.
b. *Ecuador*, p. 190.

qu'ils n'en vinssent à piller notre quartier qui est le plus riche [a]. Les trois verbes à l'indicatif — j'écarte les deux nuances modales du subjonctif et de l'infinitif — introduisent des catégories temporelles diverses et créent une véritable dynamique du récit. Ce sont les temps primordiaux de la narration, tout au long de l'œuvre ils se séparent et se mêlent. Beaucoup de textes se présentent sous la forme d'une suite de fragments ; il n'est pas rare qu'à chaque fragment un temps serve de base modale, et qu'ainsi se succèdent un présent, un passé simple et un présent [b]. Le premier dit la permanence et l'habitude, le second évoque un accident précis. Le présent est d'une particulière importance : proche du verbe être, il exprime la pluralité des essences, dans la description comme dans l'analyse : *L'araignée des fosses lui fait la guerre avec succès ; elle l'embobine, la comble de fils : une fois paralysée, elle la pompe tout entière par les oreilles* [c]. *La philosophie est indispensable à l'homme. Un adulte sans philosophie est grotesque* [d]. Michaux montre nettement l'importance d'un temps et d'un mode quand il intitule un chapitre de l'un de ses recueils ... *rait :* ce seul suffixe suffit à suggérer combien dans un verbe la fonction compte parfois plus que le sens [e]. Michaux joue du verbe d'une manière étonnante. Des rapports subtils se nouent entre les temps, le romanesque s'instaure, on est précipité au cœur de toutes les fictions.

a. *Ailleurs*, p. 21.
b. *La Nuit remue*, pp. 24-25.
c. *Ibid.*, p. 157.
d. *La Vie dans les plis*, p. 28.
e. *Face aux verrous*, pp. 165-166.

> *Autrefois j'avais trop le respect de la nature. Je me mettais devant les choses et les paysages et je les laissais faire.*
>
> *Fini, maintenant, j'interviendrai.*
>
> *J'étais donc à Honfleur et je m'ennuyais. Alors résolument j'y mis du chameau [a].*

Seuls les rapports de temps — de mode aussi — peuvent exprimer les connexions multiples du réel et de l'imaginaire. Cela éclate dans un texte dont l'action se situe également à Honfleur : de constants changements de temps — en particulier des passages de l'imparfait au passé simple — suggèrent que tout le spectacle extérieur n'est qu'une émanation de l'esprit, mais si forte que l'être s'y laisse fasciner jusqu'à ne plus douter de sa réalité pendant plusieurs heures. C'est une des plus belles analyses qu'ait faites Michaux de l'invasion de l'imaginaire, c'est aussi un récit captivant et seule l'évidence romanesque qui naît au fil des pages peut assigner à la contamination une vie naturelle. Il arrive aussi que les changements de temps désignent des changements de personne dans des textes absolument dénués de dialogues. Ainsi, après une série de présents à la troisième personne ou à la forme impersonnelle, un futur sert de transition pour introduire une série de parfaits et d'imparfaits à la première personne, qu'entrecoupent seulement quelques présents de définition et de dialogue rapporté [b].

Le romanesque, ordinairement, c'est à la fois la prose et la fiction. L'œuvre de Michaux provoque d'innombrables illusions de romanesque. Un

---

a. *La Nuit remue*, p. 149.
b. *Ibid.*, pp. 138-139.

homme prend la parole, un paysage s'organise, on se laisse entraîner. Mais le vrai romanesque suppose une distance et une altérité, on a vu à quel point elles étaient trompeuses. L'essentiel est pourtant que l'illusion s'impose avec autant de force, qu'un aussi grand nombre de fragments ou de textes aient un air de récit, de nouvelle, de conte ou de roman. Les premières phrases surtout paraissent des débuts de romans.

Deux peupliers perdent leurs feuilles, perdent éternellement leurs dernières feuilles jaunâtres.

Les passants sont rares et un froid jusqu'à l'âme les saisit à s'engager plus loin [a].

Depuis un mois que j'habitais Honfleur, je n'avais pas encore vu la mer, car le médecin me faisait garder la chambre [b].

Souvent aussi ces premières phrases ressemblent à des débuts de chapitre ou de paragraphe, comme si l'œuvre de Michaux, de texte en texte et de livre en livre, n'était qu'un seul récit. ... *Et voyageant ainsi qu'on fait en rêve, elle arrive au milieu d'une peuplade de nègres* [c]. *M'éloignant toujours davantage vers l'ouest, je vis...* [d].

Combien de phrases éparses peuvent avoir une tonalité semblable. Ici c'est la fin d'une brève histoire :

Emme voyait sa vie s'allonger devant lui. Elle perdait toutes ses branches ; elle devenait comme un ver de terre, nue et molle.

Le soleil entrait par la fenêtre, la journée commençait à peine [e].

a. *La Vie dans les plis*, p. 209.
b. *La Nuit remue*, p. 135.
c. *Plume*, p. 32.
d. *La Nuit remue*, p. 158.
e. *Ibid.*, p. 59.

Là une évocation au beau milieu d'une page :
*Dans une chambre de la Maison Blanche, un
homme entraînait sa femme vers le lit* [a]. Ces
lignes n'ont rien d'exceptionnel, il suffit d'ouvrir les livres au hasard pour rencontrer en foule
des exemples semblables. Je ne parle même pas
de *Ecuador* ou de *Passages*, de *Un Barbare en
Asie* ou des livres de la drogue, où la phrase de
prose semble presque nécessaire à l'entreprise,
mais je pense par exemple à *Ailleurs* : l'imparfait et le passé simple évoquent les événements
vécus par un voyageur qui parle à la première
personne, le présent et la troisième personne
permettent de décrire les pays que le voyageur
traverse, de pénétrer les coutumes, de définir des
essences, de comprendre et de juger. Il y a peu
de langues plus neutres que le début de *Au pays
de la magie*, peu de textes qui dans leur ensemble
donnent le sentiment d'une plus parfaite maîtrise
des divers pouvoirs de la prose. *Je vécus longtemps à la cour de Kivni et, quoique sûr qu'on
y intriguait, et constamment, je n'ai jamais pu
savoir à quel sujet, ni me rendre compte d'un
avantage que quelqu'un en aurait retiré* [b].
« *C'est combien les lèvres ?* »
*Mais ma question demeura sans réponse, je
faisais erreur, n'étant pas à Nioua, mais à Krioua,
où le baiser est gratuit, expressément gratuit, si
long soit-il* [c].
Une phrase de dialogue, on l'aura remarqué,
ouvre *Ici Podemma*. Le phénomène n'est pas
rare, même si l'on excepte *Plume* et les deux
courtes pièces de théâtre. On parle beaucoup chez

a. *La Nuit remue*, p. 56.
b. *Ailleurs*, p. 71.
c. *Ibid.*, p. 243.

Michaux, sous la forme de dialogue, de lettre ou de monologue intérieur. Dans la foule des personnages et le tumulte des événements, toujours quelqu'un a quelque chose à dire. On s'adresse à un autre, on se parle à soi-même. Cela rend l'impression de prose plus tangible encore, le sentiment de naturel s'intensifie. Les formes réfléchies contribuent à assurer la continuité romanesque. Le ton des textes devient étrangement direct.

« *Vous savez, un tel, qui avait le souffle si chaotique, eh bien ! soudain, il l'a perdu devant nous.*

— Ah ! » *fait-on, et le village retrouve sa paix et sa tranquillité* [a].

« *Je me doute bien, me dit Aniado, que je ne suis pas le seul* [b]. »

On remarquera également de très nombreuses tournures linguistiques extrêmement communes, un peu chaotiques, qui tiennent le milieu entre l'expression écrite et l'expression parlée, et que dans un autre contexte on taxerait de négligences. Ce ne sont pas exactement des dialogues, ni même des monologues intérieurs, mais une façon pour le narrateur de relancer sa pensée, et d'en appeler à celle du lecteur. Tout semble permis pour arriver à décrire, à saisir le mouvement de ses idées et de ses sensations. L'ordre des mots, les formes grammaticales, la structure de la phrase, obéissent à la suprême injonction du naturel. Rien ne paraît plat ou incongru, Michaux fait feu de tout langage. *Au fond je suis un sportif, le sportif au lit. Comprenez-moi bien, à peine ai-je les yeux fermés, que me voilà en*

a. *Ailleurs*, p. 24.
b. *La Vie dans les plis*, p. 65.

action [a]. *Mais ce bonheur ! probablement, oh
oui, avec le temps, il se fera une personnalité...* [b].
*Un petit siècle épatant, éclatant, le 1400ᵉ siècle
après J.-C., c'est moi qui vous le dis* [c] [29]. Cette
dernière phrase fait partie d'un texte classé parmi les poèmes et c'est un poème encore qui s'intitule : *Révélations sur l'homme qui s'est jeté
du soixante-deuxième étage du Kreekastel à
Broadway et qui s'appelait Benson* [d]. Un autre
s'appelle *Le coup de pompe* [e]. Les titres n'ont
rien à envier pour le naturel à la forme des
phrases, à la tonalité des mots.

Le vocabulaire de Michaux qui est dans l'ensemble d'une extrême simplicité, se montre souvent d'une étrange texture. On rencontre des
expressions d'une parfaite liberté, ainsi qu'un
grand nombre de termes techniques, médicaux
pour la plupart. Cette conjonction crée parfois
des ensembles verbaux qui semblent être plus
près de la prose que de la poésie. On découvre
ainsi d'une part *une ronde de donzelles* [f], *des
jusqu'auboutistes inouïs* [g] ; d'autre part *le damné
gonocoque* [h], *le thermocautère* [i], *La parthénothé-
rapie* [j], les *baléinoptères* [k], *l'hémostyl, l'anta-
sthène, les balsamiques* [l]. Et rien ne donne d'un tel

a. *La Nuit remue*, p. 20.
b. *Ibid.*, p. 49.
c. *Plume*, p. 101.
d. *Qui je fus*, p. 25.
e. *La Vie dans les plis*, p. 63.
f. *La Nuit remue*, p. 45.
g. *Ailleurs*, p. 21.
h. *La Nuit remue*, p. 39.
i. *La Vie dans les plis*, p. 53.
j. *Ailleurs*, p. 221.
k. *Ibid.*, p. 301.
l. *La Nuit remue*, p. 146.

langage une image plus juste que cet *énorme cheval brabançon avec de grosses touffes de poil aux pieds* [a].

Ainsi le langage de Michaux répond-il à tous les niveaux aux critères traditionnels de la prose. On ne peut l'y résoudre. Il enfreindrait à chaque instant cette équation trop simple. Le langage de l'être a ses voix diverses qui s'ordonnent ainsi en une voix unique.

LE CRI

Un texte s'intitule *Crier* [b]. Exorciser, conjurer, ces mots reviennent sans cesse. L'être prend *son poste de combat* [c]. Il y a chez Michaux une colère du langage. Elle transgresse le sens des mots pour les atteindre dans leur ordonnance et leur essence même. C'est le moment de la violence, les amarres de la parole lâchent, l'être s'abandonne au vertige de toutes les brisures et délivre des *notes obscures rédigées dans un langage blindé* [d]. C'est le moment du *Contre* [e]. La forme est le plus souvent celle du vers libre, la ponctuation continue en général d'être observée et la syntaxe n'est pas totalement bouleversée, comme si un discours organisé tentait de s'ordonner encore. L'arbitraire est dû bien plus à la disparité entre les séquences du texte qu'à la forme interne des séquences. Je pense aux premières

a. *La Nuit remue*, p. 29.
b. *Ibid.*, p. 137.
c. *Ibid.*, p. 117.
d. *Veille.*
e. *La Nuit remue*, p. 83.

pages de *Epreuves*, *Exorcismes*, à quelques textes de *La Nuit remue*, qui sont classés parmi les poèmes, à certains moments d'*Ecuador* où la parole s'abandonne au désordre d'une soudaine rêverie, à *Veille* surtout qui représente ce qui dans l'œuvre est le plus immédiat, le plus emporté et le plus capricieux. On dirait que toujours la phrase demeure suspendue, que les images — certaines possèdent là toute la qualité de la surprise — ont peu de liens entre elles, et que seul le hasard libérateur préside au déroulement du texte.

Des sourds à coups de rame se battent le dos à l'écluse.
(...)
La princesse succombe
Elle avait trop de flocons
Elle n'eut pas le temps de faire sa perle.
(...)
Il faut bien que périssent les fougères pour que toutes les spores vivent [a].

Un sens s'esquisse dans les mots pour qui connaît bien l'œuvre, mais l'éclatement de la phrase et l'anarchie du mot vont à l'encontre d'une réelle cohérence.

Bien plus que le caprice de l'image ou de la syntaxe, c'est la répétition qui instaure l'ordre de la fureur. La parole devient alors la preuve forcenée d'elle-même. C'est la répétition et l'élargissement onirique d'un mot [b], l'arbitraire par l'accumulation des notions les plus incongrues [c], la reprise inlassable d'une préposition, d'un adverbe ou d'une locution qui introduisent les

a. *Veille.*
b. *Je rame, Face aux verrous*, pp. 27-29.
c. *Passages*, p. 130.

procès linguistiques les plus divers [30], c'est une
délivrance et une persuasion, une tentative à la
fois joyeuse et désespérée de s'accrocher à sa
pensée comme on le ferait à un câble, et de traiter le mot en intercesseur solide, c'est affirmer
dans l'obsession délivrée d'une parole qu'on use
jusqu'à la corde, le souci essentiel.

Un être fou,
un être phare,
un être mille fois biffé,
un être exilé du fond de l'horizon,
un être boudant au fond de l'horizon,
un être criant du fond de l'horizon,
un être maigre,
un être intègre,
un être fier,
un être qui voudrait être,
un être dans le barattement de deux époques
qui s'entrechoquent,
un être dans les gaz délétères des consciences
qui succombent,
un être comme au premier jour,
un être... [a].

Ce sens de la répétition et de l'énumération
qu'on rencontre partout, dans *Ecuador* [b] comme
dans *Un Barbare en Asie* [c], il tient parfois de la
rage pure. Un je s'abandonne à la fureur de tous
les possibles. La répétition devient le signe d'une
emprise. L'être a pouvoir.

Je ruine
Je démets
Je disloque [d].

a. *La Vie dans les plis*, pp. 88-89.
b. *Ecuador*, pp. 127-128.
c. *Un Barbare en Asie*, pp. 46-47.
d. *Epreuves, Exorcismes*, p. 22.

Ces alliances de verbes ne sont pas rares, elles sont une forme du cri qui souvent suscite ou continue le cri encore plus pur de l'espéranto lyrique [31].

Cette expression désigne les ensembles de mots qui souvent apparaissent au fil des textes, en général dans les *poèmes* et dont il est vain de chercher le sens dans le dictionnaire. La langue soudain ne suffit plus, la fureur instaure sa propre loi et passe outre à la convention du vocabulaire. Mais c'est à partir de la langue que s'invente l'espéranto lyrique, et dans le mouvement du langage qu'il trouve sa forme et sa justification. Aucun texte ne se formule entièrement dans cet espéranto et il existe au contraire de nombreuses formes intermédiaires : *Parfois, il arrive que je renaisse avec colère... « Hein ? Quoi ? Qu'est-ce qui veut se faire casser en deux par ici ? Tas de taciturnes ! Ecornifleurs ! Roufflards ! Guenuches ! Coucougnasses !* [a] » C'est là une colère qui tend à inventer ses mots, parfois la parole s'égare et s'abîme dans un silence abstrait : *Il m'enlève tout élan, il ne me laisse ni la vue ni l'oreille, et plus il..., et moins je... Il n'a pas de limites, il n'a pas de..., pas de* [b]. Pour conjurer ce silence on s'écrie par exemple : *Quelqu'un rrrrrr* [c]. Alors les langages se mêlent en un seul mouvement :

Eborni, tuni et déjà plus fichu que fagnat.

... Petite chose et qui se meurt.

Alogoll ! Alopertuis ! Alogoll ! au secours, je vous prie... [d].

a. *La Nuit remue*, p. 132.
b. *Ibid.*, p. 49.
c. « *Quelque part, quelqu'un* », op. cit.
d. *La Nuit remue*, p. 191.

Ainsi Michaux invente son vocabulaire comme les peuples de ses pays imaginaires. Il le fait parfois entrer d'une façon extraordinaire dans un discours organisé, et mimer l'évidence du langage courant : *Une de parmegarde, une de talmouise, une vieille paricaridelle ramiellée et foruse se hâtait vers la ville* [a] ; une *tranche de savoir* possède dans cette langue sa forme parfaite de maxime [b]. Il arrive au contraire que ce soit la langue articulée qui soit privée de cohérence par l'absence d'une syntaxe que sa nature exige : *A tant refus secoue l'abeille manège son trou* [c]. On se trouve là devant une autre forme du cri, la langue de l'absurde.

L'espéranto lyrique emporte à l'autre extrême du langage. Le cri ruine la syntaxe, bouleverse l'ordre des mots, il entraîne l'expression vers l'opacité et marque une sorte de revanche sur la transparence de la prose. C'est le rêve verbal d'une subjectivité en proie à elle-même, une voix sourde et primitive de l'être.

LA POÉSIE

La phrase organisée de la prose, la phrase disjointe du cri expriment des vocations diverses du langage. La première a plus de transparence et de sens objectif, la seconde d'opacité et de sens subjectif, l'une relève plus de la prose, l'autre de la poésie. Cette prose pourtant, combien de fois aurait-on pu l'appeler poétique ;

a. *Plume*, p. 34.
b. *Face aux verrous*, p. 45.
c. *La Nuit remue*, p. 196.

certains des exemples que j'ai donnés trans-
gressent déjà la définition qu'ils prétendent servir, et infinis sont ceux qui la rendraient dou-
teuse. Michaux défie à tous moments cette ordonnance de la prose qui est, on l'a vu, une des
raisons profondes de sa langue.

*Une rue somnambule à son tour dans la nuit
déambule* [a], c'est un choc entre des mots dans
la souplesse de vers involontaires, *Mélancolie me
tenait en ses plis* [b], l'absence de l'article donne
au mot une charge singulière. Ce manque d'ac-
tualisation est très fréquent, il prend dans cette
langue la réalité d'une loi naturelle susceptible
des effets les plus variés.

*Meidosem qui s'envole par un rideau, revient
par une citerne.*

*Meidosem qui se jette dans un ruisseau, se
retrouve dans un étang. Oh étrange, étrange
naturel des Meidosems* [c].

Il en va de même de la reprise d'un mot ou d'un
membre de phrase. Michaux montre un goût très
vif pour la couleur et la sonorité du mot, il en
prolonge les harmoniques et joue de ses valeurs
musicales. *Je vous écris d'un pays autrefois clair.
Je vous écris du pays du manteau et de l'ombre* [d].
On ne peut dénombrer les inversions. Elles
déroutent, imposent à la phrase un rythme particulier, parfois plus heurté, parfois plus fluide,
elles ferment l'expression sur elle-même,
assurent sa cohérence et participent à l'impression d'étonnement qui est une des vertus de cette
langue. *Ne veut pas son dénominateur droit.* (...)

a. *La Vie dans les plis*, p. 218.
b. *Ibid.*, p. 94.
c. *Ibid.*, p. 185.
d. *Epreuves, Exorcismes*, p. 56.

Et meurt le Meidosem... [a]. *Et pendille son enfant
dans le vent, dans la pluie* [b]. De ce « et »,
Michaux fait aussi un très grand usage. Dans
certains textes prosaïques — j'emploie ici ce mot
sans aucune intention péjorative — comme les
aventures de Plume par exemple, le « et » contribue à créer un rythme particulier ; il articule la
narration, la relance, lui confère une démarche
plus légère, une unité plus grande ; il rassemble
les événements selon une modulation discrète, il
est l'instrument du conte. Lorsqu'il est répété
plusieurs fois dans des phrases dont le vocabulaire déjà ne manque pas de recherche, il les
allonge, leur assure une certaine vitesse : il est
l'outil d'une subtile musicalité. *Dentelé et plus
encore en îles, grands parasols de dentelles et de
miévreries, et de toiles arachnéennes est son
grand corps impalpable* [c]. On pourrait ainsi dresser le complet inventaire des formes linguistiques
qui permettent à Michaux de dérober sa phrase à
l'empire de la prose. Inventaire multiple et
jamais clos car personne n'est moins systématique ; c'est une floraison perpétuelle, l'être
s'éprouve et du sens jaillit dans des prisons de
mots toujours renouvelées.

C'est dans *Un Barbare en Asie,* ce reportage,
que l'on rencontre à chaque détour de page les
signes d'une prose qu'empreint une étrange harmonie. Tout ce qui est dit de la femme chinoise,
de l'amour et du sommeil, de la campagne et du
théâtre, possède un inflexible attrait. *Qui n'a pas
entendu Mei-lan-faug ne sait pas ce que c'est que
la douceur, la douceur déchirante, décomposante,*

a. *La Vie dans les plis,* p. 149.
b. *Ibid.,* p. 127.
c. *La Nuit remue,* p. 42.

*le goût des larmes, le raffinement douloureux de
la grâce* [a]. Je pense aux maisons malaises, qui
prêtent à image : *Les maisons, aux toits incurvés,
ont l'air de vagues. Les bateaux ont l'air de se
promener dans les cieux. Tout se trouve sous le
signe de la virgule* [b]. L'anecdote de Confucius et
de la paysanne n'est-elle pas aussi un véritable
conte, et la description de la vache, le poème de
la vache. La moindre notation montre un rythme
étonnant : *Chacune en elle-même. C'est toujours
étonnant une foule hindoue. Chacun pour soi.
Comme à Bénarès dans le Gange, chacun pour
soi attentif à son salut* [c]. Peu de livres qui ont
autant de charme. C'est une surprise continuelle,
et souvent un ravissement ému. A Marjeeling,
arrivant du Bengale, le voyageur rencontre la
jeune fille népalaise : « *Oh premier sourire de la
race jaune* [d]. »

Que dire ? Prose ou poésie ? On ne met pas en
cage les voix en liberté.

UNE LANGUE INTERMÉDIAIRE

Il n'existe pas plus de Michaux prosateur que
de Michaux poète. On ne peut le réduire à l'une
ou l'autre de ces définitions et le vouer aux deux
a moins de sens encore. C'est supposer une
double attitude et un double langage, forger une
séparation où il n'y a qu'unité. Qu'est donc
Michaux ? dira-t-on. J'esquive pour l'instant le

a. *Un Barbare en Asie*, p. 193.
b. *Ibid.*, p. 220.
c. *Ibid.*, p. 66.
d. *Ibid.*, p. 214.

dilemme, et je réponds : Michaux est un merveilleux écrivain. Son écriture commence au bot-
tin et s'achève dans l'espéranto lyrique, il parcourt tranquillement une échelle de la parole qui
va de la transparence à l'opacité et ne s'abandonne jamais trop à l'une ni à l'autre. Tout
s'échange et se lie, on ne peut démêler ce qui se
noue au cœur même des phrases.

*Agrafes du mal, vous avez eu prise ici. Le
Meidosem a pourtant aussitôt fait butoir. Risible
résistance ! Palissade de peau contre dents de
tigres. Enfin... ça suffira peut-être cette fois* [a].
Comment penser, plus étroitement confondues,
familiarité et invocation ? Et que dire de fragments où la violence de l'image est enserrée
dans la forme d'un discours où la rigueur de la
syntaxe ne nuit pas à la spontanéité de l'expression : *Démons féminins de l'excitation de l'encre
du désir, triangulaire visage en poils de tentation, où percent, où coulent cent regards de
pluie, cent regards accrocheurs, de regards pour
regards en retour. Petite araignée noire, naine et
crachant lentement, pour arrêter le temps un instant* [b].

L'alliance se poursuit dans les textes, aussi
diverse, aussi constante. J'ai dit comment l'espéranto lyrique se mêlait aux moments les plus
prosaïques. *Le grand combat* [c], *A mort* [d], de
nombreux morceaux de *Qui je fus* ou de *La Nuit
remue* le montrent. En Grande-Garabagne même,
*les Nijidus sont des barnes et des rippechoux,
plus dépourvus de brillant que n'importe quoi,*

a. *La Vie dans les plis*, p. 163.
b. *Ibid.*, p. 165.
c. *Qui je fus.*
d. *La Nuit remue*, p. 190.

et yayas et gribelés [a]. On assiste à des contaminations infiniment multiples. Elles ne sont étranges et remarquables que pour qui les recherche, car tout ici témoigne d'un parfait naturel. On a envie de dire à chaque page : Michaux ou l'évidence. *Il dort à cheval dans sa peine immense* [b], cette phrase surgit parmi des lignes de pure prose ; une description assez ordinaire s'achève par trois mots dont l'agencement presque rituel enclôt un rare pouvoir de suggestion : *C'était à Kadnir* [c]. Dans un texte le chant sept possède une syntaxe rigoureuse, le chant huit se déroule comme un poème de la répétition mais compte une phrase de six lignes parfaitement prosaïque et dotée même d'une parenthèse [d]. Un mot suffit pour que dans une prose continue jaillisse le cri d'une brutale énumération qui cesse comme elle avait commencé [e]. L'invective et la répétition sont ainsi très fréquentes. Parfois, c'est un long texte qui varie continuellement du vers libre à la prose sans qu'on éprouve un seul instant le sentiment d'une rupture [f] ; dans *L'espace aux ombres,* monde brisé où les événements et les pensées n'arrivent que par fragments épars, on oscille sans cesse d'une parole plus claire à une parole plus obscure [g]. Il y a aussi cette description de la place d'Orpdorp où quelques substantifs non actualisés, quelques verbes absolus, des phrases courtes et juxtaposées suffisent à imposer claire-

a. *Ailleurs,* p. 83.
b. *La Vie dans les plis,* p. 147.
c. *Ailleurs,* p. 77.
d. *Epreuves, Exorcismes,* pp. 83-84.
e. L'adjectif *beau* dans *Labyrinthes,* p. 14.
f. *Premières Impressions, Passages,* pp. 117-137.
g. *Face aux verrous,* pp. 169-194.

ment la réalité d'une langue intermédiaire [a].
Il en va des livres comme des textes. Certains
ensembles de textes sont intitulés *poèmes*. On
incline alors à qualifier de proses ceux qui les
entourent. Mais il n'y a pas entre eux de véritable
différence et aucune des deux appellations n'a
plus de sens que l'autre. Michaux, on l'a dit,
semble même en jouer, ses précisions ne font que
grandir la confusion et je doute un peu qu'il le
fasse innocemment. La contamination est souveraine. Les textes se suivent et s'orchestrent selon
cette fluctuation continue entre l'obscurité et la
clarté, l'énigme et sa résolution : on le voit bien
dans *Passages* ou dans *Portrait des Meidosems*,
et on le voit partout. Mais rien ne permet mieux
qu'*Ecuador* de saisir à la source comment les
instants qui définissent l'être ont de diversité, et
comment ils sont pris dans le flot d'une existence
unique. L'expression est toujours changeante et
identique, on dirait des variations sur un thème
et une sorte d'obstination agile. L'attitude inno-
cente qui lie Michaux à la littérature n'est certes
pas étrangère à un tel résultat. *Ecuador* le
montre, qui n'était pas destiné à la publication,
mais le simple journal d'un voyageur qui en
parlant de soi et de ce qui l'entoure tentait de
situer son angoisse pour mieux pouvoir la conjurer. *Ecuador* est une coupe de l'être ; on peut le
dire de tous les autres livres, mais c'est là qu'on
le sent avec le plus de fraîcheur.

La langue s'y éprouve dans tous ses possibles.
On arrive dans une ville, la forme prosaïque
devient vers libre, on arrive dans une autre, rien
ne change. On dispose en poème ses remarques

a. *Ailleurs*, p. 63.

de la journée, on y fait de la géographie et on observe la syntaxe la plus stricte qui parfois fait défaut à la prose. On décrit de manière très simple la mort d'un cheval et soudain on s'abandonne à un flot d'images qui fait jaillir des mots une lumière que l'on n'attendait plus. On utilise tout ce que la langue peut offrir de plus commun et de plus recherché, on écrit ce qui naît sous la plume et l'on n'en renie rien. Que citer d'*Ecuador* qui puisse évoquer ces incursions allègres dans les pièces d'une même maison, cette infinie variation de l'identique ? Il en faudrait des pages, et s'il est souvent difficile de fragmenter Michaux au risque de le perdre, tellement son langage est fait de touches séparées dont on voit mal les jointures, c'est là presque impossible. *Ecuador* ou la confidence ininterrompue. *Ecuador, c'est étonnant d'absence de savoir-faire* [a], dit son auteur. C'est la raison, je crois, qui permet de si bien déceler à sa naissance le secret d'un langage dont le savoir-faire jamais ne démentit la première origine. L'appeler parfois prose et parfois poésie ne sert qu'à poser de façon plus vivace la question de sa nature véritable. Que dire en effet de ces *poèmes* en vers libres et sans presque d'images, qui affleurent le langage parlé et où pourtant le sens littéral enclôt de rares suggestions [32] ? Que penser de ces proses où la syntaxe soudain se libère, où les mots jouent entre eux étonnamment et délivrent tous les inattendus [33] ? Que dire de *Je vous écris d'un pays lointain* [b], de *Quatre cents hommes en croix* ou de *Nous deux encore*, de

a. Robert Bréchon, *op. cit.* p. 205.
b. *Plume*, pp. 73-79.

cette ultime invocation où se confondent les inflexions diverses d'une admirable confidence.

Mais peut-être ta personne est devenue comme un air du temps de neige, qui entre par la fenêtre ; qu'on referme, pris de frisson ou d'un malaise avant-coureur de drame, comme il m'est arrivé il y a quelques semaines. Le froid s'appliqua soudain à mes épaules, je me couvris précipitamment et me détournai quand c'était toi peut-être et la plus chaude que tu pouvais te rendre, espérant être bien accueillie ; toi, si lucide, tu ne pouvais plus t'exprimer autrement. Qui sait si en ce moment même, tu n'attends pas, anxieuse, que je comprenne enfin, et que je vienne, loin de la vie où tu n'es plus, me joindre à toi pauvrement, pauvrement certes, sans moyens, mais nous deux encore, nous deux... Et que dire aussi de *Visages de jeunes filles*[a], où sous l'émotion et un profond ravissement du langage, transparaît, parfois délaissé comme dans l'invocation à la jeune fille chinoise, parfois vif comme dans le final, un des secrets de cette langue intermédiaire, je veux dire l'humour.

L'HUMOUR

Il faut s'entendre sur le terme. On trouve chez Michaux plusieurs sortes d'humour qui toutes sont des formes particulières d'une même position originelle, une *façon d'exister en marge*[b].

Il y a l'humour comme une arme. Presque un double à nouveau, ou plutôt c'est par lui que

a. *Passages*, pp. 55-60.
b. Robert Bréchon, *op. cit.* p. 16.

souvent peuvent naître les doubles. Il est la
distance et le refus, l'agression, la cruauté et la
dérision, il manie les armes du naturel et de la
fausse évidence, il est le langage d'une faiblesse
soudain muée en force monstrueuse.

*J'hésitais, et pourtant je voulais un enfant.
tout l'exigeait.*

*« Faites un sourd, me dit le préposé, c'est tel-
lement moins cher [a]. »*

*Cette petite menotte rigide, dans ma poche,
c'est tout ce qui me reste de ma fiancée [b].*

*Tel partit pour un baiser qui rapporta une
tête [c].*

*C'est peut-être insensé. C'est peut-être de l'or-
gueil. C'est peut-être une sotte honte, mais cela
m'affecte d'être attaché indéfiniment [d].*

*Ne désespérez jamais, faites infuser davan-
tage [e].*

Que la négation s'incarne dans le double d'une
distance aussi vertigineuse de l'expression, que
la prison se montre, et dans cet ultime recours,
une porte déjà s'entrouvre. On le voit bien dans
Plume : une affirmation dérisoire permet souvent de surseoir à la fatalité de l'instant, dût-elle
se répéter aussitôt. Plume met au reste en évidence la forme essentielle de l'humour, plus
constante que la première dont elle est l'horizon perpétuel, et qui est moins l'exaspération
absurde d'un instant que la révélation permanente d'une différence. Michaux décrivit un jour
Charlot avec des mots qui vont si bien à Plume :

a. *Ailleurs*, p. 257.
b. *La Nuit remue*, p. 18.
c. *Ibid.*, p. 12.
d. *Plume*, p. 179.
e. *Face aux verrous*, p. 48.

De caractère dadaïste, impulsif, primitif, Charlie n'est pas viable. Il échoue en tout, est mis à la porte de partout, a tout le monde sur le dos. De là son comique formidable et ininterrompu [a].
Appelons cela l'humour de situation. L'être manque de prise directe, il se sent à côté, marginal. L'humour incarne la séparation et tente en même temps de l'abolir.

L'humour, d'autre part, accentue l'insolite, soit dans l'invention, soit dans le regard porté sur la réalité. Il est difficile de décrire l'humour d'invention car il naît de la démarche générale des textes, des rapports qui s'y nouent entre les nombreux personnages et le monde. Du second on trouve trace à chaque pas :

Pour penser que les Anglais pourraient se priver de beef au profit d'un étranger, il faut vraiment être un homme qui croit à l'esprit de conciliation [b].

Des chevaux qui à la place de queue auraient un fouet ne se feraient pas cochers [c].

Il n'est pas rare qu'un fils de directeur de zoo naisse les pieds palmés [d].
La jeune fille indienne s'entend demander par sa suivante : « *Est-ce que tu sens dans ton vagin l'humidité qui précède l'amour ?* » (...) *Cependant la jeune fille répond sans s'étonner et gracieusement de ces choses comme les jeunes filles savent répondre : « Oh ! tais-toi, comment fais-tu pour lire ainsi dans mon cœur* [e] *? »*

L'humour est au cœur de l'écriture. Michaux

a. *Cas de folie circulaire*, p. 34.
b. *Un Barbare en Asie*, p. 98.
c. *Face aux verrous*, p. 44.
d. *Ibid.*, p. 39.
e. *Un Barbare en Asie*, p. 59.

joue des mots avec un doigté et une habileté assez
rares. Cet humour des mots est la forme la plus
ténue de ce dont l'humour du désespoir est la
preuve extrême. On parle souvent du ton particulier de Michaux, je préfère appeler cela un
humour du langage. Il est le signe de la distance
et du retrait, l'empreinte perpétuelle qui accuse
la position originale de l'être, il ordonne une
esthétique du doute qui répond au sentiment
d'être mal vissé à soi. On dirait que devant ce
qu'elle veut désigner, la phrase soit s'élance
au-delà soit demeure en deçà. Il y a des instants
sans excès ni ironie aucuns, où s'esquissent les
formes d'une présence heureuse ; ce sont les passages privilégiés, les moments de rêve d'une
parole en mutation et en exil qui n'en finit pas
de se défaire et de s'assurer. Le langage est
toujours en défaut, l'autocritique est constante,
mais il est le signe le plus visible d'une autonomie.

On touche là à une des raisons de l'extrême
unité de l'œuvre. L'humour est d'autant plus
présent qu'il est moins vif, et d'autant plus
subtil qu'il paraît naturel. Il faudrait observer
le détail du rythme, en étudiant par exemple les
caractères singuliers du e muet, dont l'emploi
constant et combien délié permet le silence dans
l'exercice de la parole, ou plutôt la blesse, en
la sillonnant de négatif, et suscite une part de
vide dans la plénitude du mot. Dans ses
remarques sur la langue arabe, Michaux parle du
e muet, cette *lettre de cendre qu'on a gardée
parce qu'il n'y a pas eu moyen de l'effacer* [a]. Si
on lit certains textes à haute voix, on verra

a. *Un Barbare en Asie*, p. 50.

qu'ils obligent à prononcer beaucoup plus qu'à
l'ordinaire en prose et même en de nombreux
vers libres, toutes les syllabes [34]. La phrase de
Michaux se déroule et s'écoute d'une manière
particulière. On croirait la respiration d'un être,
et que son souffle le plus intime passe dans son
langage [35].

L'humour est la distance, il sépare l'expression
de ce qu'elle désigne, mais aussi il permet l'expression. Il est un élément lieur, l'harmonie
d'un déséquilibre, et comme une morale de la
sauvegarde. Partout présent sous les formes les
plus implicites et les plus brutales, l'humour est
un des signes de ce langage qu'il est vain d'enfermer dans des absolus qui le trahissent.

Michaux ne dit que l'être et parle un seul langage. L'itinéraire qu'on vient de suivre et de
décrire et qui nous a conduit du corps à la parole,
révèle sous la diversité et le relief des apparences cette stricte exigence, ce souci essentiel.
Pour achever le parcours et donner l'image de
sa vérité renouvelée, il reste encore à situer une
part du domaine : celui du miracle et de la
connaissance, celui de l'infini turbulent.

LA CONNAISSANCE PAR LES GOUFFRES

Je n'ai pas l'intention de décrire ici l'expérience de la drogue, sa réalité et sa signification.
Il y aurait matière à un second livre : les quatre
volumes consacrés par Michaux à la mescaline et
à différents hallucinogènes comptent parmi les
témoignages essentiels de notre temps [36]. Je veux
seulement montrer comment ils éclairent et

accomplissent le projet primordial de cette
œuvre. On peut se demander pourquoi aucune
place ne leur a encore été faite. C'eût été risquer
de s'égarer et surtout de commettre une confusion grave. *Aux amateurs de perspective unique,
la tentation pourrait venir de juger dorénavant
l'ensemble de mes écrits, comme l'œuvre d'un
drogué. Je regrette. Je suis plutôt du type buveur
d'eau* [a]. On ne peut séparer les écrits de la drogue
du reste de l'œuvre : ce serait aller contre ce que
je n'ai cessé de dire jusqu'ici. Ils sont de même
race, et pourtant on ne peut les confondre. Il faut
les aborder avec prudence, car ils instituent entre
l'auteur et son langage, entre le réel et l'imaginaire, des relations absolument originales [37].

On doit considérer la drogue comme un double
particulier. Elle est le lieu privilégié de la dialectique du même et de l'autre, mais la contamination ne peut jouer de manière identique.
Michaux, on l'a vu, distingue réalité et invention
et se situe toujours. Mais c'est au lecteur d'assumer véritablement le partage : le mouvement
général du langage institue la contamination. Il
y a place encore dans les récits de voyage pour
l'invention et la fabulation ; la drogue n'en
permet plus aucune. C'est au cœur du plus grand
désarroi qu'on atteint le plus haut degré de certitude. La drogue est un imaginaire, mais
Michaux en rend compte au nom de la réalité [38].
Le langage permet une participation à l'univers
mescalinien, mais il opère des distinctions nettes.
La contamination joue sur un registre différent :
elle est un phénomène que la drogue provoque
et que l'auteur observe. Le souci de vérité

a. *Misérable Miracle*, p. 122.

devient primordial, la drogue est regardée
comme un double — explicitement —, sans
aucune mythologie. Ces livres montrent pourtant une chose unique et admirable : objets
d'étude, ils parviennent dans un abandon souverain de l'écriture à instaurer une harmonie et
un monde.

On peut y distinguer quatre usages de la
parole. Le langage critique neutre, d'abord :
c'est celui des notes ; de nombreuses remarques
scientifiques lui donnent en général une allure
très objective. Ensuite, le langage critique habituel, comme dans *Passages*, pour le commentaire
des expériences. Puis le langage fictionnel qui
essaie de retrouver la réalité vivante des expériences. Enfin le langage-vérité de la drogue,
comme on dit cinéma-vérité. Placé en italique
parallèlement au texte dans *L'Infini turbulent*
et *Misérable Miracle*, ou figurant sur des pages
entières dans *Connaissance par les gouffres,* ce
langage-vérité est la transcription de notes prises
pendant les expériences ou aussitôt après : il est
la voix même du chaos, l'écriture automatique
d'une nécessité totale. On peut en trouver un
autre encore, synthèse intime de ce langage-
vérité et de la relation d'expérience : celui de
Paix dans les brisements que Michaux évoque
lorsqu'il écrit dans la préface : *Nous n'avons plus
les mêmes rapports, la mescaline et moi. En tout
ce qui est répété, quelque chose s'épuise et
quelque chose mûrit. Une sorte de plus profond
équilibre est obscurément cherché et partielle-
ment trouvé*[a]. Ces hautes pages verticales où les
mots se déroulent dans un immense appel de

---

a. *Paix dans les brisements*, p. 33.

l'être, sont le signe d'un moment fragile où le
langage né d'ailleurs essaie de se muer en dialogue sans perdre rien de son origine et de la
confiance qui le porte.

L'œuvre de Michaux, on l'a vu, implique une
relation particulière avec son lecteur par le rapport permanent qui s'y joue entre le vécu et la
mythologie et par la conscience critique qui toujours s'y exerce. Les écrits consacrés à la drogue
la modifient sensiblement. L'être dit sa vérité
directement, Michaux parle sans aucun autre
voile que celui du langage divers et unique qu'on
vient de décrire : il se révèle à lui-même par
l'expérience de la drogue. Au regard de la vérité
de l'être, tout événement est ici à la fois plus
vrai et plus faux que dans le reste de l'œuvre : plus
vrai, car il témoigne d'une aventure absolument
véridique, plus faux, car il est dû à l'intervention
d'un élément étranger. Le rapport de Michaux
à lui-même joue sur un registre différent, mais
demeure identique. Il se forme au plus haut de
l'aliénation et de la lucidité, et se dérobe ainsi
aux médiations infinies que l'ordre quotidien
noue entre le réel et l'imaginaire, la réalité et
l'invention. Mais il ne leur échappe que pour
mieux les prouver. On a vu comment Michaux
à la fois s'abandonne et s'observe, s'invente et se
critique, comment il fait d'un mouvement la
condition de l'autre. La drogue précipite dans
l'altérité totale et réclame inversement une clairvoyance absolue. Michaux doit se retrouver au
risque de se perdre. Dans cette expérience
extrême, il ne peut que briser les noces du vécu
et du mythologique, mais c'est les confirmer
étonnamment. Tout le montre dans ce pénible
effort de reconnaissance, le fonctionnement de

l'esprit et du corps comme l'allure du langage.
L'univers de l'artifice vécu, je veux dire la
drogue, vérifie dans sa vérité supérieure l'artifice
de la contamination esthétique. La drogue est un
révélateur par outrance. « *Extrêmement* » *serait
son nom, son vrai nom* [a].

J'ai parlé de prépsychanalyse pour suggérer
combien l'œuvre possède pour son auteur une
valeur d'autoconnaissance. C'est ici autopsy-
chanalyse qu'il faudrait presque dire si l'on pouvait supposer que médecin et malade aient la
faculté de s'incarner en une seule personne [39]. La
drogue permet de prendre conscience de sa situation originale et de reconnaître les formes et la
réalité de l'univers mental : on le voit bien dans
Connaissances par les gouffres. Plus que l'écriture nerveuse ou l'exorcisme et que tout abandon la drogue révèle l'être par l'excès qu'elle
impose, les innommés qu'elle invite à nommer,
l'enfoui qu'elle exhume, et la levée des censures.
Elle offre une visibilité inconnue de soi-même
à qui la pratique par investigation plutôt que par
faiblesse. Elle met l'être à nu et l'invite à s'apprendre, elle permet le saut hors de soi dans
lequel on se saisit autre et semblable, elle est la
médiatrice de la part souterraine. Il suffit, partant cette fois du langage, de reprendre l'itinéraire suivi jusqu'ici, pour s'apercevoir que le
mouvement qui va de l'être à l'être est parfois
différent dans ses moyens mais toujours identique dans sa fin.

Si l'on excepte — et encore n'est-ce pas toujours indispensable — le langage-vérité et celui
de la note, excès de subjectif et d'objectif qu'ap-

a. *L'Infini turbulent*, p. 149.

pelle l'aventure, je ne vois pas de plus admirable langage que celui de ces relations de l'ailleurs. Les expériences III et IV de *L'Infini turbulent* où apparaissent les dieux et la jeune femme défient absolument toutes les catégories. Ni poésie, ni prose, on y rencontre la plus parfaite des langues intermédiaires.

On ne compte pas plus de métaphores qu'à l'ordinaire, moins peut-être ; de multiples comparaisons aident à la narration de l'étrange. Quant aux images, non plus de l'invention mais de la vision, elles sont innombrables, infiniment, même si elles sont *dépouillées de la bonne fourrure de la sensation, et si uniquement visuelles, qu'elles sont le marchepied du mental pur...* [a]. *Quoiqu'il soit toujours fatigant de planter une image-mère (...) quand j'y arrive, les images-filles rappliquent de tous côtés avec une précipitation d'une bande de babouins à qui on a jeté des cacahuètes* [40].

Le jeu des personnes connaît la même accélération. Le on a toute licence : (*on : la partie spontanément imaginante de mon esprit en proie à la mescaline et sur laquelle je n'ai aucun pouvoir*) [b]. Le je décrit le savoir de la conscience et la série des actes, le on règne dans les *situations-gouffres* de l'aliénation mentale : *On entre et on sort dans son cerveau. On en fait sortir ce qu'on veut. On apporte, on emporte. On se sert. On place des idées étrangères* [c]. Les troisièmes personnes se développent comme à l'infini, apparitions soudaines ou visions prolongées. Ainsi *les Dieux* [d],

a. *Misérable Miracle*, p. 39.
b. *L'Infini turbulent*, p. 67.
c. *Connaissance par les gouffres*, p. 222.
d. *L'Infini turbulent*, pp. 57 et sq.

une fille vive, légèrement souriante [a], l'auditeur
de Wozzeck [b], le lézard dans la bibliothèque [c].
Un il est répété et décrit jusqu'à l'angoisse pendant près de cent pages : c'est le double de la
folie, celui pour lequel il n'y a pas de connaissance par les gouffres, mais un égarement total.
Le moi, jamais fixé à lui-même se dédouble et
se métamorphose. *Rarement, j'en ai pris sans
que nous n'ayons été deux. Moi et quelqu'un au
courant de moi, par-dessus moi.*

*L'observateur n° 2 (En plus du Moi, il y a
l'observateur habituel n° 1 de la vie ordinaire)* [d].
Il y a le *moi correct* et le *moi pervers*, mais
*En dehors de ces deux, il y a des « moi » éphé-
mères, ou mal tranchés. On pourrait en faire
vivre bien davantage. On les a en puissance* [e].
Les plus étranges des dépossessions s'accomplissent ; des adverbes de lieu les situent : *Vous
sentez moins ici, et davantage là. Où « ici » ?
Où « là » ? Dans des dizaines d' « ici », dans
des douzaines de « là »...* [f]. Ainsi de toutes les
manières et sans cesse, les diverses formes du
même et de l'autre se renvoient la parole. *Je
viens de songer à l'autre. Quel autre ? L'autre
qui est au lit, à côté de moi. Car moi, non cor-
poréisé, je suis l'examinateur. Dédoublement ?
A peine, mais tout de même il ne m'était jamais
arrivé de me sentir (complet) à côté de mon
corps* [g].

a. *L'Infini turbulent*, pp. 88 et sq.
b. *Connaissance par les gouffres*, pp. 152 et sq.
c. *L'Infini turbulent*, pp. 101-102.
d. *Ibid.*, p. 124.
e. *Ibid.*, p. 135.
f. *Connaissance par les gouffres*, p. 9.
g. *L'Infini turbulent*, p. 99.

Le corps est au centre de l'expérience de la drogue comme il est au centre de l'expérience vécue du réel et de l'imaginaire. Le visage possède la même présence violente : *Ah! ces visages d'adulte, comme c'est effrayant [a] !* Pareillement le corps perd sa limite, pour la plus grande joie et la plus grande peur ; c'est la tranquillité organique jamais rencontrée encore, l'être sort du carcel de son corps ; c'est surtout l'effroi de n'en plus posséder [41]. Comme dans un passage de *La Vie dans les plis*, le corps devient un unicellulaire. *Mon corps autour de moi avait fondu. Mon être m'apparaissait (si je gardais les paupières baissées et sans repères visuels) une substance informe, homogène, comme est une amibe [b].* Enfin le commentaire de l'expérience dit clairement ce que tant de textes sous-entendent, le monde mescalinien continue celui de l'imagination créatrice et lui renvoie, enrichies, ses propres paroles en écho.

Dans l'ivresse mescalienne, on ne sent plus le corps de l'autre. C'est qu'on a (sans le savoir même) perdu exagérément la conscience du sien, de sa propre situation dans son corps (ce qu'on ne perd jamais dans la vie normale quoiqu'on le pense parfois).

Car on ne prend conscience du corps des autres qu'à la condition de garder la conscience du sien et dans la mesure où on la garde. Parallèlement, la vue du corps de l'autre augmente normalement la conscience réjouissante de son propre corps. Ce serait l'impossibilité de revenir à mon corps qui serait la cause de l'incroyable

a. *L'Infini turbulent*, p. 29.
b. *Connaissance par les gouffres*, p. 42.

*agacement et sentiment de privation que j'ai
lorsque je considère le corps des autres* [a].
Ainsi au cours d'une expérience, Michaux ne
sent pas son visage et ne parvient plus à discer-
ner celui des médecins qui l'observent [b].

Il est fascinant de retrouver aussi exactement
les mêmes images et le même langage. Les livres
de la drogue précisent, développent et exaspèrent
ce que les autres livres dispensent moins directement. Dans ces deux miroirs diversement défor-
mants, dont la déformation est diversement
située par une conscience vigilante, la vérité de
l'être se montre absolument semblable. Michaux
décrit dans les *situations-gouffres* la condition
de l'aliéné ; *L'expérience du terrible décentrage*
mescalinien lui permet de le faire, *de parler de
ses frères, frères sans le savoir, frères de plus
personne, dont le pareil désordre en plus
enfoncé, plus sans espoir et tendant à l'irréversible, va durer des jours et des mois qui rejoi-
gnent des siècles* [c]. Ces livres touchent à une
matière périlleuse. Ils invitent d'autant plus à se
montrer attentif et exact. La drogue est une
forme extrême de la distance à soi-même, la
mythologie l'est d'une autre manière, elles ne
sont pas plus étrangères au vécu qu'elles ne lui
sont rapportables : elles sont toujours à la fois
des vérités et des paraboles de l'être. Il existe
seulement entre elles plus ou moins de parenté,
de connivence et d'identité ; la drogue et la
mythologie renvoient à Michaux son image.
L'œuvre n'est ni d'un drogué, ni d'un malade,
mais d'un homme qui a écrit et expérimenté la

a. *L'Infini turbulent*, p. 69.
b. *Connaissance par les gouffres*, p. 49.
c. *Ibid.*, p. 179.

drogue pour connaître et conjurer en lui-même une part de retirement qui n'est qu'une forme très aiguë de la difficulté de vivre. *J'hésitais toujours à continuer à écrire. C'est guérir, que je voulais, le plus complètement possible, pour savoir ce qui finalement est inguérissable. J'ai écrit dans* Ecuador *que j'étais du vide ? Je veux combler ce vide pour connaître celui qui ne peut pas être comblé* [a].

Ainsi, une fois encore, il serait aussi faux de vouloir enfermer Michaux dans les *situations-gouffres* que de ne pas l'y reconnaître. On rencontre dans ces pages bouleversantes qui comptent parmi ce qu'on a pu écrire de plus admirable et de plus salutaire sur l'homme, sa condition et sa folie, tout ce que l'œuvre n'a jamais cessé de suggérer, de conter ou d'enseigner ; l'aliénation à son corps et aux objets, la perte de la *demeure* [42], l'égarement dans l'espace, l'ignorance dans le *on*, l'emprise du *cela*, la perte de son *tempo*, la séparation totale d'avec soi-même, *la prison dans le Temps* [b]. On ne perçoit plus vraiment *le château de son être* [c], on est *chassé de ses propriétés, sans propriétés, ne se souvenant plus de propriétés* [d]. On lit, on a parfois l'étonnante impression de relire et découvrir à la fois, tellement l'œuvre reprend ses propos anciens et leur donne la forme de vérités renouvelées. *Il est à distance. Il doit rester à distance. C'est son destin maintenant que la distance. Du geste à la parole, de la pensée à la parole, de lui à lui, de lui à tout, de son état à*

a. Robert Bréchon, *op. cit.* p. 206.
b. *Connaissance par les gouffres*, p. 260.
c. *Ibid.*, p. 188.
d. *Ibid.*, p. 233.

leur état. Il la vit, il la connaît, qui est partout,
ne peut être franchie, rapprochée. S'agissant de
lui-même, il répugne à dire « je ». Il ne dit plus
« moi », il dit « celui-ci », il dit « lui ». Dis-
tance. N'ayant plus jamais plénitude, n'étant
plus jamais totalement impliqué (...) Distance [a].

Tout ce que je viens de décrire, cette conjugaison de l'art et de la pensée, rigoureuse alchimie de l'être envers lui-même, trouve son plus
haut équilibre dans un texte récent qui s'intitule
Le dépouillement par l'espace [b]. J'ai dit combien
Michaux désarmait le critique, l'obligeant à une
lecture plus qu'à une investigation véritable.
Michaux pose partout les jalons, le lecteur attentif les recueille et organise de texte en texte et de
livre en livre un itinéraire de l'intelligence et
de la sensibilité. Dans ce nouveau texte, Michaux
dit tout, ou presque. Il se réunit d'une manière
étonnante, et de ces neuf pages on ne peut vraiment parler sinon pour dire qu'elles enserrent
toute l'œuvre et offrent une synthèse d'une
rigueur et d'une simplicité absolument sans
défaut. La lecture devient évocation. On ne peut
que raconter ce langage qui s'assume continuellement, montrer comment il se comprend et se
relance vers un secret toujours plus reculé.

Le texte commence comme un roman, on sent
dès les premières lignes un humour subtil dans
l'allure ramassée de l'écriture, mais sans brus-
querie aucune, et à mesure qu'on avance, la
phrase fait preuve d'une infinie souplesse. On se
trouve devant une écriture qui est de la pensée
mais ne perd aucun pouvoir de suggestion, un

a. Connaissance par les gouffres, p. 262.
b. Hermès, n° 2 (1964).

vocabulaire d'une grande précision qui possède la sévérité du concept et le charme du mot, c'est la relation d'une expérience, presque une description philosophique, mais aussi l'histoire des harmonies sensibles d'une subjectivité ; l'auteur, conscient de cette double vocation, fait de la langue une médiation perpétuelle d'un extrême de l'expression à l'autre, jusqu'à ce que ce voyage du sens ne puisse plus se démêler des rythmes les plus secrets de l'être. Ce n'est pas juste même de parler d'intention, tellement tout tient ici à une réalité première, avant le dilemme de la pensée et de la parole. On a le sentiment très fort d'une langue d'origine. Michaux ne craint pas de forger des néologismes pour mieux exprimer sa pensée, mais les contient dans la vibration du langage, il parle de monisme et de transcendance avec autant de liberté que du destin original de son corps, il dit le lieu et l'heure de toute chose, situant même la contamination hallucinatoire par rapport à la contamination mythologique, offrant cette nouvelle clef au lecteur dans le paisible déroulement du texte. On pourrait, à partir de ces quelques pages, refaire le parcours entier de l'œuvre, tellement tout y figure, le corps, l'espace et le temps, les doubles — le voyageur, le participant, l'observateur, dit Michaux —, tellement l'ironie grave qui tient à la chair des mots et au cœur le plus conscient de l'être enseigne une fois encore de quoi nous sommes faits. Il y a dans ce texte, dans l'intelligence sensible qu'il montre envers sa sensibilité et son intelligence, une manière nouvelle de raconter l'homme. Je trouve bouleversant qu'on puisse en même temps être tout contre soi et parler un des langages exacts de la pensée.

La question de l'être n'en finit pas de se poser. On a vu la réalité que Michaux donne à cette évidence, comment il la dévoile dans le risque renouvelé d'une écriture chaque jour plus libre, ouverte sur l'abîme coloré des mots, et qui s'assure dans une surprenante lucidité d'elle-même. Il reste à situer ce langage dans le langage pour poser la question du signe, et à situer l'œuvre dans son époque en posant la question du monde.

IV

La question du signe

On a dit que cette époque rendrait toute chose possible, que tout était permis à sa littérature et à son art. On a rejeté des contraintes, enfin on s'est cru libre. On l'a cru un peu vite. L'idée était belle, mieux, elle était vivante, parfois elle fut presque vraie. Alors on a fini par trop l'aimer. Les œuvres, les pensées ont eu du mal à suivre. Si l'on y réfléchit, comment auraient-elles pu suivre. Il a soufflé un vent de liberté dans la littérature. Et du temps a passé. La liberté violente est illusoire, la débâcle ne dure jamais. Quand le désordre s'ordonne, quand vient le temps d'un équilibre, fût-il du désarroi, on tente à nouveau d'accorder les catégories au lieu de les promouvoir dans l'arbitraire de leur seule violence. On en propose de nouvelles, on en accrédite d'anciennes, d'autres naissent enfin qui tiennent de cette double origine un peu d'ambiguïté.

Ainsi en va-t-il des catégories de la prose et de la poésie. Peu de termes, on l'a vu, recouvrent des réalités plus fluctuantes et contradictoires. On a coutume d'opposer prose et poésie. On établit leur divergence, on célèbre la poésie, on situe son essence dans le retrait d'une haute solitude.

Aucun des auteurs qui sont intervenus dans ce débat ou qui même n'ont fait que définir la poésie, n'a jamais fait état de Michaux. Le fait est remarquable. L'œuvre, dira-t-on, est récente. Celle de Char ne l'est pas moins. René Ménard consacre le tiers de *La Condition poétique* à un commentaire de Char et ne cite qu'une seule fois le nom de Michaux. Cela n'est pas étonnant : le langage de Michaux ne répond à aucune catégorie, il est, comme je l'ai nommé faute d'autre terme plus convenable, une langue intermédiaire.

On tient généralement Michaux pour un poète. Cela va rarement sans réticence ; on sent une gêne obscure dans la plupart des jugements, un soupçon s'insinue dès qu'on veut l'enfermer dans un ordre. Michaux, je l'ai dit aussi, ne fait qu'accroître le doute par ses remarques souvent divergentes sur la poésie et les poètes. Il invite lui-même à la discussion.

Si l'on cherche à comprendre ensemble ces quelques réflexions, on s'aperçoit qu'elles ont toutes une même origine et entrent dans le débat de la poésie et de la prose. On peut énoncer ainsi les questions qui se posent : qu'est-ce qu'un poète et qu'est-ce que l'attitude poétique ? Quelle est la situation de Michaux dans la poésie et la littérature d'aujourd'hui ? Qu'est-ce que le signe poétique, et qu'est-ce qui sépare ou rapproche la poésie et la prose ?

Peu d'auteurs ont traité ce dernier point de manière directe. On condamne ou on loue, on définit le plus souvent selon des catégories qu'on tient pour implicites au moment même où l'usage qu'on en fait demanderait qu'on les explique. On dit prose ou poésie, on parle au nom d'un ordre dont la littérature est à la fois le promoteur et le garant. Sartre le remarqua et fut un des premiers qui aborda de front ces problèmes. Il se demanda : qu'est-ce qu'écrire ? et il dut commencer par définir les rapports de la poésie et de la prose.

Sartre ne considère la poésie ni comme genre ni comme qualité (au sens où l'on dit par exemple que la phrase de Chateaubriand est poétique), mais comme nature. Il voit en elle une irrécusable singularité, ou plutôt il la sépare de ce avec quoi on pense le plus spontanément à l'associer, la prose, pour la rapprocher de ce avec quoi on pense le moins à le faire, la peinture, la sculpture ou la musique. Le signe poétique n'est pas signe véritablement, si le signe est instrumental, voilà ce que dit Sartre quand il affirme que le prosateur se sert des mots alors que le poète les sert. Le mot est une réalité différente selon qu'on l'utilise comme un instrument ou qu'on s'y abandonne, selon qu'on en est maître ou esclave. Il se fait tour à tour outil et objet. On utilise le premier et on révère l'autre, de sorte que si on le rencontre dans un roman ou dans un poème, un même mot n'aura pas une fonction semblable. Le prosateur nomme le monde dans la claire transparence du langage ; il n'y a qu'à l'atteindre et on peut s'écarter des mots, ces conventions utiles, ces outils qu'il suffit de jeter quand ils sont hors d'usage. Le poète ressent le monde dans son obscure opacité, les mots sont ces antennes, ces choses tâtonnantes qui lui permettent magiquement de le représenter. Ainsi, ceux qui ensemble se servent du langage s'avancent sur une route apparemment semblable mais combien différente, sans jamais se croiser, ou se croiseraient-ils, masqués, sans jamais se reconnaître.

Sartre ne dit pas autre chose et poursuit cette distinction dans tout son détail. Il ne parle ni de Michaux ni d'aucun poète particulièrement. Une note précise que ces remarques valent pour la poésie contemporaine, mais les noms de Saint-Pol-Roux, Rimbaud et Mallarmé, laissent entendre qu'elles concernent la poésie moderne, celle que Barthes fait justement commencer à Rimbaud et non à Baudelaire, prisonnier, dit Rimbaud, d'une forme mesquine. Le poète moderne, affirme donc Sartre, incarne le langage à l'envers, quand le prosateur incarne le langage à l'endroit.

Une telle analyse ne peut convenir à Michaux, qu'on le tienne pour un poète ou pour un prosateur. Je ne sais si c'est à cela qu'il faut rapporter l'indifférence, au moins publique, que Sartre montra toujours envers son œuvre, et dont Bréchon dans un dialogue s'étonne sans que Michaux lui réponde vraiment [a], mais je crois que si l'on considère la divergence qui existe entre Michaux et la plupart des poètes modernes, cette indifférence qui n'a en soi que bien peu d'importance est un signe qui permet de situer le débat et de mettre en lumière le défaut de ces catégories.

Sartre, dans une note assez longue, atténue l'absolu de ses conclusions. Il reconnaît que la part de poésie présente en toute prose fait échec à la transparence du langage et conteste la pureté

a. Robert Bréchon, *op. cit.* p. 206.

de la signification, et que la part de prose présente en toute poésie transgresse l'opacité du
langage pour le doter de significations. Mais on
sent trop la restriction de pure forme : ne dit-il
pas qu'il s'agit de structures complexes mais
strictement délimitées [43] ? Et comment oublier
l'allure radicale de ses affirmations, quand il
prétend par exemple qu' « entre ces deux actes
d'écrire il n'y a de commun que le mouvement
de la main qui trace les lettres » [44]. Comment
accepter qu'au nom du nécessaire engagement
de la prose, la poésie soit rejetée dans le royaume
des couleurs et des formes et que deux vers de
Rimbaud soient réductibles à un ciel jaune au-
dessus du Golgotha dans une toile du Tintoret.
Ce n'est pas que Sartre montre envers la poésie
de l'indifférence, il captive au contraire par le
sentiment qu'il met à la décrire. Le paradoxe est
qu'il puisse évoquer avec tant d'acuité la condition des poètes actuels et aussi mal juger la poésie
et le langage. On croirait qu'il profite de la crise
de la poésie dont il parle si bien pour instituer
des catégories sans appel. Il renchérit sur l'excès
de la poésie pour la précipiter dans une altérité
radicale, alors que l'analyse des raisons et des
formes de cet excès aurait pu la réintroduire ou
même ne jamais l'arracher au domaine de l'unique langage. La chose est d'autant plus étonnante
que Sartre un an plus tôt reconnaissait dans *Le
parti pris des choses* « une fascination inquiète
entre l'objet et le mot, comme si l'on ne savait
plus très bien, pour finir, si c'est le mot qui est
l'objet, ou si c'est l'objet qui est le mot » [45].
Cette remarque, comme bien d'autres, dénote
une intuition de l'être du langage, à l'inverse
de ce radicalisme de la nomination transparente

qu'on a pu observer. Il est intéressant surtout que Ponge soit à l'égal de Michaux, un des rares poètes contemporains qu'on pourrait aussi bien appeler prosateur, tant pour la forme que l'esprit L'œuvre de Ponge, en effet, si elle a moins de conséquence et de nouveauté que celle de Michaux, récuse de la même manière les catégories de la séparation.

Ce qui nuit à l'analyse de Sartre, c'est que dans l'élan fougueux d'une généreuse argumentation, il donne certains exemples qui portent d'autant plus atteinte à sa démarche qu'elle est fragile et arbitraire. Il évoque ainsi le dernier vers fameux de *Brise Marine* de Mallarmé, où un « mais » qui se dresse comme un monolithe à l'orée de la phrase posséderait plus de valeur impressive que vraiment discursive. Je ne nie pas que ce soit là de la poésie, l'alexandrin formellement le prouve, mais seulement que ce « mais » ait une valeur originale et exclusive. Comme si la moindre page de Proust, de Melville ou de Joyce n'en offrait pas de semblables. Sartre se réfère également à une œuvre alors inédite de Leiris où quelques mots chargés d'affectivité servent de guide à la recherche de l'enfance. Qu'y a-t-il dans *Biffures* qui ne s'accorde aussi à la prose, à l'entreprise de signification instrumentale que Sartre lui assigne, même si le beau livre de Leiris ne s'y réduit jamais. Je trouve enfin étrange que lorsqu'on éprouve assez fort le pouvoir des mots pour citer l'admirable phrase de Mosca dans *La Chartreuse de Parme* : « Si le mot d'Amour vient à surgir entre eux, je suis perdu. », on puisse penser qu'il y ait des mots qui nomment clairement et d'autres voués à l'obscur destin des images flottantes. Comment croire que les mots du prosateur sont des « pistolets chargés » et que ceux du poète ne soient chargés qu'à blanc.

L'œuvre de Michaux a ceci d'admirable qu'elle impose sans cesse le sentiment de l'unité du langage. Elle rend immédiate l'impression que le sens affleure et se dérobe, et que cette communauté fonde, si l'on peut dire, la vraie vérité du langage. Ce n'est pas que Michaux n'éprouve la parole comme tragique, il en souligne toujours en même temps, un peu comme Parain, les pouvoirs et les manques. *Un homme à Podemma est tué par ses propres paroles* [a]. *Nous manquerons de quoi nous exprimer. Les hommes ne peuvent s'entendre. La parole, si vite qu'elle soit, n'est pas à la vitesse de la pensée. C'est un express poursuivant une dépêche* [b]. Dans un de ses premiers livres, Michaux semble donner raison à Sartre, quand il dit que les mots pour le poète sont choses plus que signes. *OEuf c'est un œuf pour tout le monde ; une corde c'est une corde. Un bateau, une mare d'eau pour personne ne sont des mots ; ce sont pour tout le monde des « CHOSES ». Des choses touchées, des choses à trois dimensions.*

J'ai essayé de dire quelques choses [c]. Curieusement, ce recours à la chose signifie beaucoup plus la transparence que l'opacité, le sens limpide qui rejoint directement la chose que le sens qui s'institue comme chose. On pense à Sartre qui dit, lui, sans aucune ambiguïté : « La fonction d'un écrivain est d'appeler un chat un chat [46] », comme si entre un chat qui

a. *Ailleurs*, p. 244.
b. *Qui je fus*, p. 16.
c. *Les Rêves et la jambe*, p. 8.

marche dans la rue ou quatre lettres dans le dictionnaire, et le mot chat pris dans le flot du langage, il n'y avait pas déjà toute la distance par où surgit l'ambiguïté de la parole. Penser qu'il n'y a rien de commun entre l'instant où le signe semble s'effacer dans la transparence du sens qu'il délivre et l'instant où le sens semble se dérober dans l'opacité du signe qui le nomme, c'est ignorer la vérité du langage ou vouloir s'y soustraire, c'est, d'une façon ou d'une autre, refuser le tragique du langage, et sa simplicité. On peut croire à certaines réflexions que Michaux fait de même, elles marquent seulement la tentation à de rares instants de vouloir suspendre un tragique et une évidence que l'œuvre ne cesse de prouver. Ce si bel équilibre entre la signification claire et l'obscure origine ne s'interrompt jamais, même si parfois l'ombre ou la lumière paraissent l'emporter. On ne sait plus où commencent ni poésie ni prose, on se trouve immergé dans le sein du langage.

Ce qu'il y a de plus bouleversant dans l'usage des mots, c'est qu'à la fois le sens par eux surgisse et que jamais il ne puisse à soi seul s'imposer. Le langage de l'écrivain le montre bien, qui dans sa cohérence particulière laisse échapper de sens autant qu'il en peut recueillir et enserre dans sa marche la part d'ombre sans laquelle il ne pourrait espérer se formuler. Le langage ne s'élance pas du cœur de la nuit pour éclater au plein éclat du jour, il garde plus ou moins de l'un et l'autre et ne peut aller ainsi que vers une conjugaison plus radieuse de la nuit et du jour. On peut dire de lui ce qu'Héraclite dit du monde, qu'il est « une harmonie de tensions tour à tour tendues et détendues,

comme celle de la lyre et de l'arc ». Merleau-
Ponty décrit admirablement cela, nous appre-
nant d'une voix aussi souple que précise, par
une sorte de douceur inflexible qui confirme le
sens qu'on en peut abstraire, que le langage ne
naît que sur fond de langage, « que l'idée d'une
expression *complète* fait non-sens, que tout langage est indirect ou allusif, est, si l'on veut,
silence » [47]. La parole mène la vie obscure de
l'être, elle est, comme le corps, toujours présente et toujours ignorée, elle est un clair-
obscur. Ainsi cette image du tisserand à quoi
Merleau-Ponty compare l'écrivain qui aussi travaille à l'envers, dont le langage est la seule
affaire et qui soudain se trouve environné de sens.

C'est l'idée, développée encore, d'un langage
tacite, d'une vie secrète du signe, de ce qui se
joue entre les signes, qui convie à mener le
parallèle du langage et de la peinture. Il ne
s'agit pas d'offrir une part du langage à
l'obscure vie des couleurs et d'y soustraire
l'autre, mais de savoir de la totalité du langage
et de la peinture où commence et finit leur
commune mesure. Merleau-Ponty le dit en de
très belles pages où la communauté sert à nommer la différence, ce privilège malgré tout du
sens qui fait du livre un langage indirect, et du
tableau une voix du silence. Mais ce sens n'est
pas la signification claire, il ne parvient jamais,
enfoui dans son épaisseur de mots, à se saisir
parfaitement lui-même. Entre le sens et le langage il se fait un échange, et on ne peut accorder à aucun de privilège décisif.

Ainsi le livre et le tableau, aussi proches
soient-ils, montrent des vocations particulières,
l'univers des mots est un ordre complet et auto-

nome. On peut alors imaginer — l'allure de
cette philosophie y invite, toujours plus attachée, au nom de la vérité en mouvement, à unir
qu'à séparer — qu'entre la poésie et la prose il
y a peu de différences ou que les différences
jouent sur ce fonds unique de sens caché et de
sens visible. Ce que Merleau-Ponty dit par
exemple du roman, du voyage de Verrières dans
Le Rouge et le Noir, où la volonté de mort n'est
pas dans les mots, mais « entre eux, dans les
creux d'espace, de temps, de significations qu'ils
délimitent » [48], ce qu'il dit de Mallarmé et de
l'impossibilité d'atteindre à un au-delà du langage ou même de nommer de front totalement et
de dire tout sans reste, tout cela révèle l'intuition d'une parole unique par où tout écrivain
s'affronte à un destin semblable.

Le débat du langage et de la peinture éclaire
directement Michaux. Ecrire lui est souvent
insupportable pour la simple raison que du sens
se fait jour. *J'étouffais. Je crevais entre les
mots* [a]. La musique, *véritable « passe-temps »*
de la vie intérieure, art préalable et primordial, sans dogme et sans croyance, *art des
fiançailles perpétuelles* qui donne *l'illusion d'un
transvasement d'être à être* [b], la musique incarne la libération la plus grande et provoque
les accusations les plus vives. *Mots, mots qui
viennent expliquer, commenter, ravaler, rendre
plausible, raisonnable, réel, mots, prose comme
le chacal* [c]. Michaux s'adonne à la musique, il
improvise au piano ou au tambour africain. Il
raconte dans *Passages* quel extraordinaire apai-

a. *Passages*, p. 131.
b. *Ibid.*, p. 194.
c. *Ibid.*, p. 132.

sement il y trouve, un véritable appel d'être, un recours souverain contre les prisons de mots. Mais il n'est pas — ou il n'est pas encore — un réel créateur de musique. Et puis la musique n'est pas un langage au sens où par exemple la peinture en est un. Elle ouvre un monde singulier, elle est élan et mime les avancées de l'être, mais ne figure rien du monde que le plus abstrait des tableaux invite à reconnaître. Le peintre, comme dit Merleau-Ponty, se tient dans une position privilégiée, il a sur toute chose droit de regard et rien ne l'oblige à conclure. Michaux use dans la liberté originale de la peinture d'un pouvoir de révélation que n'entravent pas le sens et les obligations de la parole. *Etrange décongestion, mise en sommeil d'une partie de la tête, la parlante, l'écrivante (partie, non, système de connexions plutôt). On change de gare de triage quand on se met à peindre. La fabrique à mots (mots-pensées, mots-images, mots-émotions, mots-motricité) disparaît, se noie vertigineusement et si simplement. (...) Plus d'envie, plus d'appétit parleur* [a] .La peinture dérobe au devoir du langage ; l'attrait qu'exercent sur Michaux le théâtre et surtout l'écriture chinoise, naît d'un même souci. *Le chinois possède la faculté de réduire l'être à l'être signifié (quelque chose comme la faculté mathématique ou algébrique* [b]). Michaux éprouve devant cette écriture sans ombre la nostalgie d'un langage exact et chiffré où le mot jamais ne s'évaderait hors de la sphère conventionnelle qui lui est assignée. Rien ne définit mieux la nature du lan-

a. *Passages*, p. 83.
b. *Un Barbare en Asie*, p. 158.

gage, son alliage de contingence et de nécessité, que ces fascinations extrêmes et inverses de l'abandon et de la rigueur, ce double rêve d'une langue ou libre ou prisonnière. Les idéogrammes de *Mouvements* répondent à une telle convoitise. Entre le langage et la peinture, ils délivrent les curieuses figures d'un signe libéré, une sorte d'alphabet personnel. Ce sont des *Signes surtout pour retirer son être du piège de la langue des autres* [49]. Dans la postface, Michaux compare ses mots et ses signes, et comme si souvent, coupe court à tout commentaire.

Ils n'ont pas le même âge. Les dessins, tout nouveaux en moi, ceux-ci surtout, véritablement, à l'état naissant, à l'état d'innocence, de surprise ; les mots, eux, venus après, après, toujours après... et après tant d'autres. Me libérer, eux ? C'est précisément au contraire pour m'avoir libéré des mots, ces collants partenaires, que les dessins sont élancés et presque joyeux, que leurs mouvements m'ont été légers à faire même quand ils sont exaspérés. Aussi vois-je en eux, nouveau langage, tournant le dos au verbal, des libérateurs.

Qui, ayant suivi mes signes sera induit par mon exemple, à en faire lui-même selon son être et ses besoins, ira, ou je me trompe fort, à une fête, à un débrayage non encore connu, à une désincrustation, à une vie nouvelle ouverte, à une écriture inespérée, soulageante, où il pourra enfin s'exprimer loin des mots, des mots, des mots des autres.

La peinture est ainsi ce qui permet le mieux d'échapper au langage, à ses certitudes comme à son insécurité. Un condamné à la signification découvre une innocence. La peinture permet

aussi ce qui serait difficile au langage. *Peindre
la couleur du tempérament des autres* [a], peindre
les traits du double, vouloir lancer le FANTO-
MISME [b], cela est plus aisé à la touche qu'au mot.
L'œuvre de Michaux traduit un grand respect
de la parole. Cela surprendra peut-être. Mais on
y sent le souci que le langage n'excède pas sa
mesure, ne perde pas son pouvoir de lisibilité, et
que toujours le sens puisse éclater dans la forêt
des signes. L'espéranto lyrique même où les instants qui le plus tendent vers une obscure opacité sont pris dans le flot du sens, signes d'un
cri brut qui tôt se désagrège ; ou bien ils sont
explicitement désignés comme un défi à l'ordonnance du langage, dans le cinéma-vérité de la
drogue, par exemple. Il est rare enfin qu'on rencontre dans les textes même où s'exprime le plus
intensément une libération par le désordre et
l'abondance de l'imagination, les témoignages
de ce terrorisme linguistique et de cette religion
perverse du mot qui définissent pour Sartre le
surréalisme et ses héritiers.

Car ce qu'a de beau l'analyse de Sartre, ce
sont des pages étonnantes de clairvoyance et
d'intrépidité sur le destin des poètes modernes.
Barthes les organisera en une description rigoureuse en essayant de répondre à la question :
y a-t-il une écriture poétique ? Il montre comment la poésie classique se distingue de la prose,
mais demeure une parole conventionnelle dont
le destin social est clairement défini. Elle se
révèle différente par ses nombreux attributs déco-
ratifs, et plus par « quantité » que par nature.

a. *Passages*, p. 94.
b. *Ibid.*, p. 93.

La poésie moderne, au contraire, s'affirme dans son irréductible autonomie et ne veut rien tenir que d'elle-même. Il s'instaure une euphorie jaillissante du vocabulaire, le mot « s'élève hors d'un enchantement vide, comme un bruit et un signe sans fond, comme une « fureur et un mystère ». Cette référence à Char évoque bien du mot la liberté fascinante, le caractère frontal et ce surgissement qui soudain lui fait emplir l'horizon et susciter tous les possibles. Le langage perd ses rapports fonctionnels, la syntaxe cède le pas à une précipitation chaotique du discours. « Cette faim du Mot, commune à toute la Poésie Moderne, fait de la parole poétique une parole terrible et inhumaine ». Le poète incarne la rupture du langage social, il n'y a plus de sentiment ni d'écriture poétique, si l'on entend par sentiment poétique la qualité que peut montrer toute prose, et par écriture l'acte de solidarité historique qui lie l'écrivain à son époque et à sa société. Seule demeure une parole errante et discontinue qui « ouvre la voie de toutes les Surnatures » [50].

Il est étrange de constater que toute description de la poésie moderne, — celle passionnelle et critique de Sartre, passionnelle et laudative de René Ménard, ou assez dégagée de Barthes — la constitue dans une altérité radicale ; on sent dans ces analyses comme un acharnement. Si l'on recourt à l'opinion des poètes, c'est presque de l'ironie de vouloir essayer le contraire : le poète s'adonne à son intronisation perpétuelle. Il faut pourtant le faire car le malaise que provoque la poésie moderne ne vient pas tant d'une différence de nature que de la distorsion qu'elle introduit dans l'équilibre du langage. On ne s'inquiète jamais que de ce qui est semblable.

Char incarne un absolu de l'expression poétique moderne. Choisissons donc un poème caractéristique, celui par exemple que Georges Mounin analyse longuement dans son livre sur Char : « Congé au vent. »

« A flancs de coteau du village bivouaquent des champs fournis de mimosas. A l'époque de la cueillette, il arrive que, loin de leur endroit, on fasse la rencontre extrêmement odorante d'une fille dont les bras se sont occupés durant la journée aux fragiles branches. Pareille à une lampe dont l'auréole de clarté serait de parfum, elle s'en va, le dos tourné au soleil couchant.

Il serait sacrilège de lui adresser la parole.

L'espadrille foulant l'herbe, cédez-lui le pas du chemin. Peut-être aurez-vous la chance de distinguer sur ses lèvres la chimère de l'humidité de la nuit. »

Rien dans ce texte ne permet vraiment d'assimiler le mot à la touche picturale, comme fait Sartre, ou à la virtualité encyclopédique du mot dans le dictionnaire, comme fait Barthes. La syntaxe ne manque pas de préciosité, mais elle est rigoureuse, les diverses relations verbales sont parfaitement assurées. Le mot n'éclate pas plus que dans un sonnet de Du Bellay et une ode de Théophile, un morceau du *Spleen de Paris* ou du *Gaspard de la nuit*. On lit aussi dans Char : « L'âge du renne, c'est-à-dire l'âge du souffle. O vitre, ô givre, nature conquise, dedans fleurie, dehors détruite ! »[51]. On trouve même plus énigmatique, tant par le sens que par la forme, mais de nombreux fragments montrent plus de simplicité que « Congé au vent ». On ne peut réduire la poésie de Char à une rumination

obscure et à l'errance d'une liberté infinie.
Barthes parle de noms privés de leur article,
une analyse rigoureuse de la langue de Char
prouverait sans aucun doute que la large majorité des noms est accompagnée d'articles. En
fait, cette poésie est proche par là même où elle
échappe, par son immergence dans le flot du
langage. Elle apparaît sur fond de parole, des
significations surgissent ; il semble parfois
qu'elle se mue en autre qu'elle-même, ce n'est
que l'illusion d'un excès. On ne sort pas de la
parole. Ces textes aux formes hiératiques, on
peut aussi les lire, refaisant à l'inverse le chemin de l'écrivain, si vacillant soit-il. L'homme
qui écrit plie les mots à son usage, il se plie
aussi à l'usage des mots, et quelle que soit la
singularité qu'on lui trouve ou celle qu'il se
prête, il est un artisan du sens, et son discours,
même s'il est, comme dit Barthes, plein de trous
et de lumières, finit par se retourner et offrir une
vérité autant qu'une musique. Il n'existe pas de
seuil magique, mais seulement des degrés dans
le clivage des formes et de la signification. Le
suicide du langage ne fait encore qu'affirmer
son identité et ce n'est pas nier les différences
que de récuser la seule qui n'en permettait plus.
L'œuvre de Michaux désigne ces différences,
elle qui maintient si parfaitement une distance
égale entre les deux extrêmes du langage.

La poésie bouleverse la syntaxe et détruit les
relations ordinaires des mots, elle est une forme
admirablement masquée de la terreur. Enfin,
elle est image. L'image poétique, ce n'est pas
l'invention qui propose à l'esprit un objet nouveau, ni même la comparaison qui implique un
effort de description et de rigueur, mais la méta-

phore. Elle manifeste dans la poésie sa loi
extrême. Il y a d'autant plus d'images qu'il y a
moins de Dieux, la crispation du vocabulaire est
une réponse à l'abandon, la parole analogique
une revanche sur le silence de la création.
L'image est aussi l'instrument d'une conquête.
Le surréalisme a fait du ruissellement glorieux
et irisé des *Illuminations* le premier commandement de la découverte du monde. Jamais on
ne redira assez l'importance des quelques lignes
de Reverdy citées par Breton dans le Premier
Manifeste, elles portent en elles la poésie moderne.

« L'image est une création pure de l'esprit.

Elle ne peut naître d'une comparaison mais du
rapprochement de deux réalités plus ou moins
éloignées.

Plus les rapports de deux réalités rapprochées
seront lointains et justes, plus l'image sera forte
— plus elle aura de puissance émotive et de réalité poétique. »
Breton parle d'étincelle et préfère dire inconscient qu'esprit. Peu importe. Le surréalisme,
dit-il, produit d'innombrables types d'images,
l'arbitraire est leur vertu commune, leur plus
haute raison d'être. Cette idée de l'image, qu'elle
soit vécue jusqu'à l'extrême chez Desnos ou
Peret, qu'elle trouve chez Char plus d'assise par
l'affirmation d'un rapport premier avec la
nature, elle incarne le risque permanent de
l'écriture poétique. Elle est aussi sa chance. La
sociabilité de la poésie s'y joue ; l'image ouvre
sur le monde, elle peut être une prison de mots.
C'est parier sur une sensibilité, presque admettre
une foi. Chaque lecteur assume la première ; et
je n'ai pas, devant des voix si diverses et si farou-

chement personnelles, la belle confiance de
Bachelard dans la communauté d'imaginaire que
le flot d'une mémoire ancienne instituerait entre
les êtres. « Chaque galet sur la plage peut trouver
son rêveur [52] ». Sans doute, mais au prix de
quelles équivoques, de quels égarements. L'image
invite à toutes les méprises. Que faire si elle parle
en étranger ? On s'abuse dans le cercle douloureux d'une parole close. On a perdu la clef des
mots. Le langage s'estompe et se durcit, on ne
peut rien contre ces objets illusoires, ces mots
où le sens est infirme. Aucun lecteur ne peut
accepter de langage sans réponse, c'est pourquoi
il est difficile de s'accorder sur cette poésie.
Thésée ne s'engage dans le labyrinthe que pour
y rencontrer Ariane. Ainsi est-on souvent victime
car la communauté de sens joue sur une marge
étroite. La poésie limite ses chances, elle pratique
avec retenue et ferveur un étrange choix des élus.
Mais peu de choses sont aussi belles que le jail-
lissement du sens dans sa parure de signes,
quand par les mots diversement combinés un
innommé se nomme. L'image, ainsi, risque la
poésie, et par là le langage. Elle est chez les
poètes et leurs commentateurs une pierre de
touche. Ainsi Octavio Paz, évoquant le privilège
essentiel du poème, reconnaît-il dans l'image son
éclat le plus secret, et le sceau d'une authenti-
cité. « Le poème est langage en tension : aux
extrêmes de l'être et en être jusqu'à l'extrême.
Extrême du mot et mots extrêmes, retours sur
ses propres profondeurs, montrant le revers de
la parole : le silence et la non-signification. En
deçà de l'image gît le monde de la langue courante, des explications et de l'histoire. Au-delà
s'ouvrent les portes du réel : signification et non-

signification deviennent des termes équivalents.
Tel est le sens ultime de l'image : elle-même [53]. »

Ainsi l'image est-elle garante d'un langage
absolu. Il y a plusieurs manières de dire la même
chose en prose, il n'y en a qu'une en poésie.
Octavio Paz ne manque pas de le dire, et c'est
aussi ce qu'affirmait Breton quand il rappelait
la confidence fameuse que lui fit un jour Valéry
sur la marquise ou qu'il commente avec cette
hauteur splendide qui lui est personnelle la description de la chambre de Raskolnikov. L'esprit,
dit-il, ne peut sans déchoir s'arrêter à de tels
motifs. On peut entendre cela de deux façons.
D'abord le poète, celui qui se reconnaît comme
tel, ne condescend pas à s'intéresser à de tels
sujets. Ensuite, la poésie n'a rien d'aussi contin-
gent, elle est un langage nécessaire, elle cogne
à la vitre. Il est vrai que la poésie montre en
apparence moins de hasard que la prose et que
le tissu du langage est plus serré en elle. Mais
c'est aussi une illusion et aujourd'hui que la
rigueur traditionnelle des formes poétiques a
disparu, on peut seulement dire que la contingence et la nécessité n'entretiennent pas les
mêmes rapports en poésie qu'en prose. Cela tient
à des raisons fort simples. Un poème et un
roman ne touchent pas à l'être de manière identique. Ils s'avancent diversement armés et chacun
gagne en absolu ce que laisse fuir l'autre. Ils
sont arbitraires chacun à leur façon et leur cohérence respective dépend bien plus du talent des
auteurs que d'une délimitation préalable. Et
même cela arriverait-il parfois, que la poésie soit
plus rigoureuse que la prose, que des feuillets
en liberté montrent plus d'exigence que certaines pages de roman, pourquoi ce seuil mys-

térieux que par moments l'on transgresse et
non pas une circulation qui conduit toujours de
l'un à l'autre et fait que telle expression, telle
page, ou telle image, peuvent avoir du bonheur
ou ne pas en avoir ? Pourquoi de la description
de la chambre de Raskolnikov induire que toute
description est indigente et tout roman mépri-
sable, et ne pas dire tout simplement, si on le
pense, que Dostoïevski écrit mal et manque de
génie [54] ? Ce serait presque admettre que la poésie
n'est qu'une prose heureuse. Pour le poète une
folie : une dérogation et un suicide. La poésie
a ses domaines réservés. A la vérité il y a chez
Breton comme chez beaucoup de poètes un
racisme subtil qui commence à l'usage des mots
et touche l'écrivain dans sa totalité. C'est un peu
le « Soyez toujours poète, même en prose » de
Baudelaire. La poésie devient quelque chose
comme la noblesse de l'âme. Cela a moins de
sens aujourd'hui, mais on ne le croirait pas. La
poésie est une grâce. Char évoque « l'eau du
sacre », le poète organise des curées de langage
sur ses chasses gardées. Il se retranche derrière
ses clôtures d'images. Pour lire les poètes, il
faut avoir autant d'amour qu'ils montrent d'arro-
gance. Car la poésie se veut singulière. Elle institue un ostracisme de la langue, une limite qui
garantit son mystère. Que répondre en effet à ce
vers d'un poète anglais où ne se traduisent rien
de moins qu'une négation radicale du sens et
l'illusion d'une libre aventure du langage.

« A poem should not mean
But be » [55].

Il y a des moments où l'on comprend la rage
logique de Sartre et il paraît étrange et presque
forcené de vouloir maintenir dans le sens du

langage qui ne demande qu'à le fuir. Michaux
ne permet jamais un tel dilemme, cela fait toute
son importance dans la question de la poésie. Si
on le considère comme un poète, il est un des
seuls chez qui le langage jamais ne délivre ces
stèles désolées où le sens semble ne plus pouvoir surgir. Il n'y a pas chez Michaux de « signe
debout » ; ou le signe debout, pris dans le flot
d'un langage organisé participe à ses incessants
mouvements où la parole trouve sa logique
expressive. Le sens sourd entre les mots, entre
les lignes, dans une phrase souple et merveilleu-
sement déliée. Qu'est-ce que rendre « les ressources infinies de l'épaisseur sémantique des
choses par les ressources infinies de l'épaisseur
sémantique des mots [56] », sinon user précisément
d'un langage qui délivre une signification au
travers d'une jouissance et d'une indécision ? Il
évolue par degrés et se retrouve toujours en son
bel équilibre. Comme il est étrange et naturel
que Sartre ne s'y soit point arrêté, à ce langage
qui est le pouls vivant d'un être et défend une
certaine idée de l'écriture, lui qui disait si bien :
« Il ne s'agit plus d'allumer des incendies dans
les brousses du langage, de marier des « mots
qui se brûlent », et d'atteindre à l'absolu par la
combustion du dictionnaire, mais de communi-
quer avec d'autres hommes en utilisant modeste-
ment les moyens du bord [57]. » Ces derniers mots,
c'est Michaux tout entier, mais les moyens du
bord, c'est toute la richesse d'un langage où la
pensée dérive et se reprend dans les buissons
de mots.

Ce n'est pas un hasard que l'on doive à
Michaux des remarques étonnamment justes sur
le surréalisme. Sa critique a la forme du conte,

et cela montre encore que les catégories sont parfois bien frêles :

Kanarine se vantait d'avancer du même pas que son cheval. Tout alla bien jusqu'au jour où le cheval prit le mors aux dents et sema son homme. Oui, l'autre cause de monotonie dans Poisson Soluble est celle-ci : la vitesse de pensée est constante et la pensée va au pas (...)

La faute en est en partie aux doigts de Breton, à son rôle d'accompagnateur. Ses doigts ne pourraient suivre. Dans une peur, une émotion tragique, une noyade, on aperçoit deux mille images en deux secondes. Mais le moyen, en deux secondes, d'en écrire deux mille [a].

C'était en 1925, la poésie faisait éclater toutes les limites au risque de n'en plus retrouver aucune, elle ouvrait les insurrections du vocabulaire, et Michaux écrivait :

On ira plus loin dans l'automatisme.

On verra des pages entières d'onomatopées, des cavalcades syntaxiques, des mêlées de plusieurs langues, et bien d'autres choses encore [b].

Il écrivait surtout une petite phrase qui renvoie soudain de la poésie au poète : *Surréalisme ? Ce terme fera peut-être fortune, mais il se vante [c].*

Ce qu'on appelle aujourd'hui poésie, c'est le sentiment d'une nature irréductible et non une qualité toujours possible par où surgirait le bonheur du langage, qui imposerait une harmonie supérieure mais jamais différente, où le langage enfin trouverait son équilibre et se délivrerait également entre sens et non-sens. La poésie est une fête de la particularité, à la fois

a. *Cas de folie circulaire*, p. 51.
b. *Ibid.*, p. 52.
c. *Ibid.*, p. 54.

joyeuse et funèbre. Ainsi s'annonce-t-elle dès qu'on veut la tenir pour semblable, instituant par la voix des poètes et celle des commentateurs une séparation que les œuvres ne manquent pas de souvent récuser. Cette singularité qui s'attache au signe de la fête, elle distingue aussi son ordonnateur, le poète.

On a tout dit sur le privilège du poète. Il commence le jour où Dieu qui désirait que sa parole parvînt au peuple d'Israël, appela le fils de l'homme, lui fit manger un livre et l'envoya vers le peuple d'Israël avec cette unique recommandation : « Qu'ils écoutent ou non, dis-leur : Telle est la parole de Dieu. » L'histoire de la poésie n'est que l'histoire du rapport qu'une parole a continué d'entretenir avec ce que toute parole était à l'origine : un verbe inspiré, totalement. L'expérience du XIXᵉ siècle est à cet égard saisissante, où le poète, devant les premières contestations de la conscience moderne, dans le déchirement progressif des certitudes anciennes, réclame avec une vivacité accrue le pouvoir qui lui revient de servir la parole inspirée. La rupture de l'ordre, c'est l'aube d'une malédiction, et le passage, disait Sartre, de la magie blanche à la magie noire, comme si perdant l'accord social, le poète ne s'attachait plus qu'à retrouver un accord primordial dont chaque jour qui passe le sépare un peu plus. Entre les poètes de la Renaissance et ceux de la Révolution industrielle, il y a cette différence que les premiers parlaient au nom d'un ordre présent et les seconds d'un ordre passé ou d'un ordre à venir. La naissance de la poésie actuelle que selon sa perspective et ses goûts on date de Hugo, Baudelaire ou Rimbaud, quand trop souvent on s'en tient au domaine français, Heidegger la voit plus justement. « Hölderlin, écrit-il, commence par déterminer ainsi un temps nouveau. C'est le temps des dieux enfuis *et* du dieu qui va venir. C'est le temps de la *détresse*, parce que ce temps est marqué d'une double négation : le « ne plus » des dieux enfuis et le « ne pas encore » du dieu qui va venir [58]. » La juste et toujours admirable nomination qu'Hölderlin délivre de son époque et de sa condition est le début d'une dure et tragique aventure. Elle ouvre un temps où le dieu à venir deviendra à son tour un dieu qui se retire, où la nostalgie d'une ancienne harmonie perpétuera l'échec, où le seul pont entre le poète et son échec deviendra ce langage qui l'instaure et le comble à la fois. Cet absolu du langage qu'on a vu, cette allure hautaine, riche de son défi, sont la dernière assurance contre la mort véritable de Dieu. La parole se démet peu à peu de son rôle d'intercesseur désigné, elle n'est plus ce par quoi le dieu parle au travers de l'homme, mais l'absence d'un dieu dont il arrive encore que l'on affirme l'ordre. Le poète constitue l'originalité et la solitude de sa parole comme la preuve ultime d'un pouvoir qui toujours semble se dérober. C'est ainsi que naît le rapport ambigu du poète à la divinité qui couvre l'essentiel de la poésie depuis le XIXe siècle, où le poète, pour conserver quelque chose encore d'un ordre religieux qui perd peu à peu toute réalité, se fait dieu à son tour par la seule entremise dont il peut disposer, son langage. Ainsi Zarathoustra disait que toujours les poètes croient la nature leur amante et se glorifient devant les mortels de ce que secrètement elle leur murmure à l'oreille.

« Hélas ! il y a tant de choses entre le ciel et la terre que les poètes sont les seuls à avoir rêvées.

Et surtout au-dessus du ciel ; car tous les dieux sont des symboles et des artifices de poète [59]. » Ce mensonge des poètes, il est d'autant plus beau que Zarathoustra est lui-même poète et qu'il dénonce ainsi en même temps qu'il la poursuit, sa propre mythification et la rend ainsi infiniment plus recevable.

Si jamais on n'a, d'une certaine manière, autant exigé de la poésie, c'est que chaque jour son pouvoir sur la réalité du temps se fait plus fragile. On lui a tout demandé, de transformer le monde et de changer la vie, de promouvoir toutes les occultations et toutes les reconquêtes, d'être l'instrument d'un esprit nouveau où l'idée par enchantement se muerait en action. La poésie a été, est encore souvent comme le jour qui naît, la lumière et l'intercesseur. Comment comprendre sans cela le rêve d'unité de Schlegel où se mêlaient dans une nouvelle renaissance l'infini du christianisme et l'harmonie du monde grec, et la fleur idéale de la magie de Novalis. Comment comprendre même le surréalisme qui a vomi comme personne l'idée de religion, mais jamais ne se départit, chez Breton tout au moins, d'un sens du sacré qui éclate dans *L'Ode à Charles Fourrier* et tant d'autres écrits. La poésie est ainsi la plus haute activité qu'on puisse concevoir, elle fait figure d'acte, elle est le pouvoir effectif d'intervenir par la parole.

Elle est une magie, et le poète est celui qui la sert. Est-il mythe plus beau que celui qui permit à Novalis de s'écrier un jour : « Je veux mourir joyeux comme un jeune poète [60] », et à Shelley d'écrire : « La poésie sauve de la disparition les apparitions de la divinité dans l'homme [61]. » Le poète est porteur de vérité, il est, dit Flaubert, « un prêtre [62] », « souverainement intelligent », comme l'écrit Baudelaire à Toussenel, et Rimbaud l'appela « le grand malade, le grand criminel, le grand maudit et le suprême Savant ». Cette pensée a survécu, et ce vocabulaire, sous des formes multiples, dans la poésie d'aujourd'hui. « Je suis le poète, meneur de puits tari, que tes lointains, ô mon amour, approvisionnent [63]. » La poésie « dit le commandement et l'exégèse des dieux puissants et fantastiques », le poète est un autre, il est le « grand Commenceur [64] », écrit encore René Char. Il n'y a pas que les poètes pour s'appeler ainsi. « L'énergie poétique, issue de quelques-uns, ne se transmet qu'à un petit nombre », dit René Ménard [65], et Gilbert Lely termine ainsi une conférence sur Char : « Le poète s'avance ignescent, le front ceint de la révolution de ses planètes [66]. » Sous les branches d'un marronnier de Ménilmontant, où conversent René Char et Martin Heidegger, Jean Baufret aperçoit « deux Différents de même race et marqués tous les deux d'une étincelante solitude [67] ». Quant à Rolland de Renéville, au terme d'une analyse où, pour évoquer la fonction du poète, il parle de « la Métaphore toujours sousentendue qui ne cesse de relier l'homme au ciel », il écrit, résumant dans une phrase ultime la réalité de l'expérience poétique : « Veilleur tendu vers l'abîme sidéral, dont la profondeur se confond avec celle de son propre cœur; le Poète poursuit, selon le rêveur de Valvins, *ce commerce des cieux où il s'identifie* [68]. »

On rencontre ainsi, dès qu'il est question de

la poésie ou du poète, un vocabulaire particulier qui possède le plus souvent une tonalité religieuse, et dont la constance finit par être significative. Si l'on compare les qualificatifs dont use la poésie depuis le surréalisme à ceux dont on usait avant, on y trouvera moins de mysticité, la terminologie chrétienne a le plus souvent fait place à un ensemble de formes qui hésitent entre les concepts philosophiques grecs, présocratiques particulièrement, le langage primitif et la tradition occultiste. Il définit une idéalité, un rapport inchangé avec la création. Pour être sûr de ne pas trahir la pensée des poètes, il faudrait analyser avec rigueur leurs propos, mais il est certain que la poésie d'aujourd'hui traduit encore fréquemment la sensibilité d'un sentiment religieux ou de la nostalgie qui le désigne. Que signifie-t-elle, cette crispation du vocabulaire, sinon une volonté de ressaisir des essences et de renouer, comme le montre bien Bachelard, avec les images d'origine. Il y a dans la poésie un vocabulaire du retour et de la permanence qui se fige d'autant plus désespérément que le retour et la permanence deviennent plus impossibles chaque jour. Le poète est celui en qui se maintient ce possible, et se perpétue une origine. Son langage a la forme de la prière, fût-ce une prière à l'absence. Il se termine ainsi, le chapitre « Des poètes » :

« Pourtant je suis fatigué de cet esprit ; et je vois venir un temps où il sera fatigué de lui-même.

J'ai déjà vu des poètes se transformer et diriger leur regard contre eux-mêmes.

J'ai vu venir des expiateurs de l'esprit : c'est parmi les poètes qu'ils sont nés [69]. »

Le temps est venu, et il arrive au poète de ne

plus croire à lui-même. Avec Michaux commence
la véritable mort d'Hölderlin. Le dieu s'est enfui.
A : *l'homme d'après la chute* [a] *;* on ne l'ignore
pas, on montre même les traces qu'il a laissées
dans l'être. Il est la culture et le souvenir, l'enfance et certaines images, mais jamais cette pré-
sence-absence par où sous la forme d'un sacré
innommé il se manifeste dans la poésie d'aujour-
d'hui. Aucun dieu ne viendra plus, le cercle est
brisé. Michaux a connu Dieu plus qu'aucun poète
moderne et c'est lui qui désigne le mieux l'absence de toute divinité. *Il faut toujours avoir du
divin en réserve* [b]. Cela sonne comme une dérision quand on connaît l'issue de ce pèlerinage
de la sensibilité qu'est *Quatre cents hommes en
croix*. Michaux y suggère un retour aux images
d'autrefois :

Douteux.

Extrêmement douteux.

L'inverse plus souvent.

Rendant définitif [c].

Je ne veux pas ouvrir ici un procès de la
croyance, mais découvrir aux signes d'une œuvre
le sentiment d'une différence. Il y a chez Michaux
un regret du sacré, le religieux l'attire, il ne
cesse de parler des hommes qui le vivent encore.
*Faisant l'amour avec sa femme, l'Hindou pense
à Dieu dont elle est une expression et une parcelle* [d]. Dieu est un, répète souvent Michaux. Le
sacré devient un savoir et une distance, une réalité qu'on aime détailler et connaître, il peut être
un regret, comme on pense à quelqu'un qui est

a. *Plume,* p.111.
b. *Qui je fus,* p. 49.
c. *Quatre cents hommes en croix,* p. 37.
d. *Un Barbare en Asie,* p. 44.

mort, mais jamais une obscure rémanence qui
ouvre sur un pouvoir de la parole.

Si on compare Michaux à d'autres poètes, son
langage paraît souvent celui d'un pauvre hère.
Il est dépossédé, il n'a rien d'autre à dire que
l'être. Michaux plus que personne aspire à
la magie, mais rien ne répond à ses vœux, peut-
être est-ce pour cela que les mots lui semblent
moins magiques. Le mot ne donne pas la chose,
il instaure une proximité mais aussi une distance, la phrase ne se veut pas un objet mais un
mouvement, et les lignes qui se suivent sont les
traces de l'être et non le chiffre d'une révélation.
Le surréalisme se vante. *Mais oui, on ne vous
demandait qu'un tout petit miracle, vous là-haut,
tas de fainéants, dieux, archanges, élus, fées, philosophes, et les copains de génie que j'ai tant
aimés, Ruysbroeck et toi Lautréamont,*
*qui ne te prenais pas pour trois fois zéro ; un tout
petit miracle qu'on vous demandait pour Banjo
et pour moi* [a]. Le miracle n'est pas venu, la
parole ne peut que se renvoyer à elle-même.
Elle n'a pas l'effectivité d'un acte, elle est ce
miraculeux pouvoir de nommer et de dire, de se
nommer et de se dire, elle est un moyen du bord,
ce passage par où l'être se délivre, informe
autrui de son destin et s'informe soi-même. Le
poète est un homme modeste, il ne possède aucun
privilège. On est passé de Maldoror à Plume.
L'acte prestigieux par lequel le poète espérait
« donner un sens plus pur aux mots de la tribu »,
il a pu par moments devenir *ma musique pour
ce soir* [b]. L'écriture, « ce moment idéal où

a. *La Nuit remue*, p. 186.
b. *Ecuador*, p. 48.

l'homme, en proie à une émotion particulière, est soudain empoigné par ce « plus fort que lui », qui le jette, à son corps défendant dans l'immortel [70] », Michaux parfois l'évoque ainsi : *il me devient pressant de conduire à mon tour quelque équipage à travers l'infini moutonnement des possibles. Petit cortège que le mien, mais qui, sur ce fond vaste et indéfiniment glissant, marche pour moi d'un pas si étrangement accentué, d'un pas qui frappe le silence d'un accent inégalable* [a]. L'humour également, que les poètes n'eurent jamais que métaphysique, proféré comme un défi et un sérieux suprême, il est ici la claudication perpétuelle qui suggère l'infinie hésitation de l'être. Le poète n'écrit plus sur sa porte, comme autrefois Saint-Pol-Roux à Camaret : Le poète travaille.

Le poète est modeste, mais il n'est jamais humble. *Malheur à ceux qui se contentent de peu* [b]. On est d'autant moins satisfait que l'on a moins de privilèges et que tout reste à conquérir, à commencer par sa propre parole. Elle n'est plus une noce originelle de l'être avec la création, elle dit seulement la noce et sa difficulté possible. Le langage plus que jamais est risque et connaissance. Et on s'aperçoit soudain combien cette différence qu'on vient de découvrir cache aussi de communauté. Il a fallu cet excès de l'opacité qui définit un peu la poésie moderne, pour arriver à la ductilité de ce langage intermédiaire. Il a fallu cet exercice périlleux de la parole, invite à toutes les débauches, pour que l'insécurité pût devenir permanente

a. *Passages*, p. 24.
b. *Ecuador*, p. 76.

sans pour cela se commuer en désordre. La tension admirable qui pendant plus d'un siècle et
demi, toujours de moins en moins et encore
aujourd'hui, unit un écrivain nommé poète à
une part de divinité ancienne dans l'homme, a
fait se lever toutes les prudences et s'esquisser
tous les rêves, elle a permis qu'un écrivain
nommé aussi poète puisse en l'homme ne plus
apercevoir que l'homme. Cette forme particulière de l'affrontement humain qu'est le retrait
de la divinité, la poésie l'avait faite sienne, assumant ainsi visiblement la part du feu, la plus
grande audace et le plus grand échec, elle a sans
voile aucun exposé l'homme à son adversité et,
comme le dit Merleau-Ponty, le rapport nouveau
de la conscience et du langage sur lequel aujour-
d'hui toute expression repose, on le doit pour
beaucoup à ces nombreux rappels de la « parole
spontanée ». S'il arriva et s'il arrive encore que
le son en elle l'emporte sur le sens, ce n'est que
la revanche d'une expression où trop souvent le
sens l'emporta sur le son. De la prose à la poésie,
il n'y a qu'une variation, et une courbe continue. Leurs buts en apparence ont longtemps
différé, l'une attachée par la parole à restituer
la trace et la voix du dieu enfui, l'autre à assurer
les évidences de la réalité. Le divorce manifeste
commence à s'achever, ce qui n'était que communauté secrète devient communauté visible.

La parole dans l'œuvre de Michaux n'est plus
que cette opaque enveloppe qui de partout ceint
l'être. L'écriture devient plus directement, toute
illusion abolie, une recherche de l'homme par
l'homme, une tentative de conjuration, et l'essai
d'un dialogue : elle est au ras de l'homme. Il
n'y a plus ici aucun destin, plus de malédiction

ni de mission, rien qui touche à quelque surnature, rien enfin de cet héritage de la Pythie dont Caillois s'irritait justement que la poésie cherchât encore à le recueillir.

C'est ainsi seulement qu'il faut entendre la mort de Hölderlin. Je ne pense pas qu'on puisse encore aventurer ce chant superbe dont l'écho n'a cessé de résonner en toujours s'affaiblissant jusque dans la poésie actuelle.

Mais c'est à nous, pourtant, sous les orages de Dieu,

O poètes, à nous qu'il appartient de se dresser et, tête nue

C'est à nous de saisir de notre propre main

Jusqu'au rayon du Père et de le rendre ainsi

Recélé dans le chant, ce don du ciel, d'en faire offrande aux peuples,

Car c'est nous, entre tous, qui sommes le cœur pur.

Ainsi que des enfants, et nos mains ne sont qu'innocence [71]

Il n'y a qu'un homme et il n'y a qu'un langage, c'est pourquoi ces mots peuvent encore faire venir les larmes aux yeux. Hölderlin est peut-être le plus grand des poètes, car, comme dit Heidegger, il est « le poète du poète » [72]. Sans éclat ni fureur aucune, il assure un privilège dont l'effet s'est poursuivi longtemps et sans quoi la littérature eût pris sans doute une autre allure. Il délivre les questions essentielles qui sont aussi les nôtres mais qui se posent un peu différemment. Heidegger dit dans un autre commentaire que le poète est celui qui donne la mesure [73]. On peut se demander quel est aujourd'hui la mesure que propose un poète sans privilège.

V

La question du monde

*Il ne regardait pas le ciel, demeure des dieux ;
il regardait le ciel suspect, d'où pouvaient sortir
à tout instant des machines implacables, por-
teuses de bombes puissantes* [a]. Ecce Homo, ainsi
s'intitule le texte où il est question du ciel. On
y parle de l'homme, on en prend la mesure. *Je
n'ai pas entendu l'homme les yeux humides de
pitié dire au serpent qui le pique mortellement :
« Puisses-tu renaître homme et lire les Védas ! »
Mais j'ai entendu l'homme comme un char lourd
sur sa lancée écrasant mourants et morts, et il ne
se retournait pas* [b]. On pourrait croire à une pensée de circonstance, tant ce texte et l'ensemble
du recueil témoignent parfois clairement des
années de la guerre. Mais chez Michaux tout événement, grave aussi bien que futile, est toujours
l'occasion de donner la mesure de l'homme. On
le voit dans ces pages où Michaux affronte à
l'époque, la science, la philosophie et l'histoire,
*l'homme, toujours lui (...), sentant la voûte de
sa vie d'adulte sans issue et qui veut se donner*

a. *Epreuves, Exorcismes*, p. 51.
b. *Ibid.*, p. 50.

*un peu d'air, qui veut donner un peu de jeu à
ses mouvements, et voulant se dégager, davantage se coince* [a].

On ne peut reprendre dans son ensemble le
poème de Hölderlin que commente Heidegger, ni
le commentaire lui-même, mais il en ressort que
l'homme ne peut être à lui-même sa mesure que
s'il se mesure avec la Divinité, fût-elle absente et
plutôt ne se manifestât-elle que dans l'écart qu'il
y a de l'homme à l'Inconnu, entre l'homme et
le ciel qui matérialise la mesure, et tant que
dure la médiation de la pure amitié. Ce que Hölderlin nomme pure amitié, Heidegger, emprun-
tant à Sophocle, l'appelle bienveillance ; on peut
dire confiance et penser à la formule un peu brutale, mais combien significative, de Sartre :
« Tant que Dieu vivait, l'homme était tranquille :
il se savait regardé. Aujourd'hui qu'il est sans
Dieu et que son regard fait éclore toute chose,
il tord le cou pour essayer de se voir [74]. »
Michaux ne cesse d'affirmer de toutes les façons
que l'expérience originale de notre temps est
celle de la contingence. C'est ressentir profondément l'allure tragique, mais allègre aussi, de la
pensée moderne que d'évoquer dans ce même
texte *l'homme nouveau, l'homme insatisfait, à
la pensée caféinée, infatigablement espérant qui
tendait les bras* [b]. On trouve partout cette assurance qu'il y a un temps de révolu, ou que peu
à peu il s'est trouvé entamer une révolution différente.

*L'Europe devrait « se reposer » sur l'Asie,
disent encore quelques Hindous. Mais l'Europe ne*

a. *Epreuves, Exorcismes*, p. 54.
b. *Ibid.*, p. 55.

peut plus se reposer sur personne. Et elle ne peut
plus se reposer du tout. Le temps du repos est fini.
Il faut voir maintenant ce que le reste donnera.
D'ailleurs, le repos n'avait pas donné assez [a].
Ce que Michaux nomme repos, c'est l'assurance
d'un état. Le retirement du dieu peut encore
être appelé repos, car il suppose au cœur de tout
égarement la certitude qu'il existe un dernier
recours, fût-il même la raison qui porte à s'égarer. Il implique un espoir aussi, celui du dieu à
venir, et que Hölderlin à tout moment rappelle.
C'est le divorce entre la distance qui lie à la
divinité et celle qui lie à la contingence. Il y a
partout du vide et Michaux veut savoir jusqu'où
il peut être comblé. La différence éclate entre
Hypérion et Tahavi [75]. Michaux donne la mesure
du mouvement de l'être dans une contingence
reconnue, toujours niée et toujours retrouvée. Le
paradoxe de la poésie moderne, c'est que sans
ignorer la contingence — comment le pourrait-
elle —, elle ait voulu la conjurer plutôt que
l'assumer, en essayant de lui dérober ce qui la
dénonce le mieux : le langage. C'est par l'usage
qu'il fait de la parole, par ce qu'il appelle « La
conversation souveraine [76] », qu'un poète comme
Char tente en vain de se soustraire à une contingence qu'il lui arrive d'affirmer. L'équivoque
est patente chez cet héritier de la condition romantique sollicité aussi par le tragique de son
époque, et dont la parole dure et serrée comme
un granit veut faire bloc entre l'assurance d'un
destin et l'incertitude d'une liberté. L'idée assu-
mée jusqu'au bout de la contingence, Merleau-
Ponty dit combien elle est sévère, presque verti-

a. *Un Barbare en Asie*, p. 43.

gineuse — usant là d'un mot dont il demande
qu'on l'excuse, lui qui jamais ne faisait d'excès
de vocabulaire et crut devoir pourtant s'autori-
ser celui-ci — et combien on s'explique que « nos
contemporains reculent et se détournent vers
quelque idole [77] ». Il cite la faveur que connaissent
l'occultisme et les traditions magiques, comment
ne pas penser aussi aux poètes. Ils ont fait du
langage leur idole, c'est échapper à la véritable
adversité. Barthes parle du manque d'humanisme poétique de la modernité, je ne vois pas
d'autre raison que cette idolâtrie. On oppose
toujours religion et contingence. Le poète, tel
Narcisse, est en proie à la religion du langage,
plus il vomit les mots, comme dit Sartre, moins
il ressent la contingence. Cette allure dressée de
la poésie moderne, ces images droites sur la page
comme on imagine un champ planté de pierres,
elles n'ont d'autre dessein que de s'ériger en
nécessité. Cette langue résumant tout, dont parlait Rimbaud, et qui admirablement souhaite
assumer l'homme et instaurer l'avenir, elle voudrait conserver quelque chose encore d'un enseignement prophétique et l'inspiration sans défaut
de l'antique ou du primitif. La littérature, l'art,
la pensée, sont faits de la chair intime de ceux
qui ont osé ce rêve et de ceux qui l'ont poursuivi,
et c'est par les brisures de leur folle espérance
comme par celle de bien d'autres, qu'un humanisme peut être défini, si on accepte toutefois
l'esquisse un peu sévère que Merleau-Ponty en
trace : « il commence par la prise de conscience
de la contingence, il est la constatation continuée
d'une jonction étonnante entre le fait et le sens,
entre mon corps et moi, moi et autrui, ma pensée
et ma parole, la violence et la vérité, il est le

refus méthodique des explications, parce qu'elles
détruisent le mélange dont nous sommes faits,
et nous rendent incompréhensibles à nous-
mêmes [78]. »

Michaux décrit ce mélange. Il ne fait même
que cela. On n'en finit pas de prendre la mesure.
Un lien perpétuel se noue de soi à soi. Rien ne
le justifie, il est sa propre loi et c'est la raison
qui le rend chaque jour plus intense. La mesure
se dérobe, elle est possible et impossible, évidente
et fugace. On s'invente sans cesse, on s'ignore et
on s'apprend toujours. Il y a un battement perpétuel de l'être à l'être, l'homme reconnaît sa
position, vérifie l'heure et le lieu de ses jours,
et ce mouvement rigoureux finit par se confondre
avec le trajet de sa vie. La mesure est mesure
de l'insécurité, elle est aussi le déploiement fragile d'une assurance, et l'être est à lui-même
dans l'équilibre renouvelé de ses passages. Ainsi
l'Emanglon, animal à la force tranquille que les
griffes du tigre ne peuvent entamer et dont seul
le manque d'eau peut entraîner la mort, n'est
qu'une image nostalgique de l'être. Les images
véritables sont le petit tas colorant de l'aqua-
relle *qui se désamoncelle en infimes particules* [a],
ou ce visage que le rêve de la peinture n'en
finit pas d'imposer, *un visage fluide, idéalement
plastique et malléable, qui se formerait et se
déformerait selon les idées et les impressions,
automatiquement, en une instantanée synthèse,
à longueur de journée et en quelque sorte ciné-
matographiquement* [b]. On pense au film d'ani-
mation de Robert Lapoujade, *Le Vélodrame*, où

a. *Passages*, p. 108.
b. *Ibid.*, p. 89.

l'unique personnage est figuré par un ensemble gris qui sur un fond de couleur se refait et se défait sans cesse, image d'autant plus saisissante si on sait que l'aventure ainsi décrite trouve son origine dans un petit tas de sable gris diversement disposé et animé image par image.

C'est en parlant de soi de la manière oblique qu'on a vue, dans un système ininterrompu de projections et de dédoublements, de confessions et de fictions, c'est en se suivant à la trace, que Michaux éprouve et révèle les implications multiples de l'expérience humaine. Il y a là un peu d'ambiguïté, mais l'art de manière implicite ne propose jamais rien d'autre quand une subjectivité s'arroge le droit de parler au nom de toutes et d'incarner en d'autres les sentiments qu'elle tient d'elle seule. Entre Stendhal donnant vie à Fabrice et Michaux à un je plurivoque, il y a des transitions et l'un n'exclut pas l'autre. Autant qu'à des manières diverses de solliciter l'imagination, la différence tient dans la tendance progressive de l'esprit moderne à indiquer le gauchissement dont tout sujet, aussitôt qu'il parle, affecte ce dont il parle, et sans lequel jamais rien ne se parlerait. Michaux en est une expression parfaite, donne la mesure de ce retranchement, ouvre ainsi sur une mesure d'autrui et une mesure du monde et permet une visibilité d'un style et d'une ampleur ignorés jusque-là. Tout lui est bon pour accroître son emprise sur soi et son savoir sur l'être. On le voit bien dans *Connaissance par les Gouffres* où l'expérience de l'aliénation par la drogue introduit à une connaissance intime de l'aliénation mentale.

Rien dans l'être n'est séparable, et la poésie moderne doit une part de son échec à trop avoir

cherché quelque chose comme la pierre philoso-
phale dont Breton parle tant. Il y a sans doute
des moments essentiels, et des mots essentiels,
mais on ne peut comme en chimie les réduire
à des essences sans mélange. Michaux ne craint
de rien dire. Si le corps, par exemple, possède
dans son œuvre une telle importance, c'est bien
sûr que l'expérience du corps fut pour lui difficile, mais aussi que le corps est notre demeure
primordiale et que toute mesure ne peut se penser que comme mesure du corps. A Podemma,
chacun doit selon son importance faire apparaître un halo sur une plaque ; un enfant de cinq
ans déjà l'impressionne sensiblement. *Moi je ne
pus en faire apparaître un. C'est comme si j'avais
été absent. Confus, je m'en allai en méditant
vaguement un retour plus heureux qui jamais ne
se produisait. Jamais rien ne venait sur cette
plaque, moi devant. Je m'en allais, abattu, pro-
menant partout la conscience fâcheuse d'un
homme sans halo, qui se sait sans halo. Car,
quelle consolation offrir à quelqu'un qui a pris
conscience qu'il n'apparaît pas* [a] ? La mesure est
mythique, elle s'affirme par les médiations de
l'imaginaire ; la contamination donne à la
parole son envers de parabole. L'excès de l'invention a toujours chez Michaux le charme nu
de l'innocence et la rigueur d'une analyse. L'infinité des doubles permet ce voyage multiple qui
finit toujours à soi. On apprend tout de l'être, et
que tout a barre sur tout. Quand Michaux parle
de son cœur, *cette maudite pompe à sang mal
construite en ma poitrine* [b], ou de ce petit trou

a. *Ailleurs*, p. 252.
b. *Passages*, p. 107.

en lui où souffle un vent terrible[a], quand il
évoque son *passionné désir de communion, de
communion illimitée*[b], son amour pour la
musique, l'angoisse et la libération de l'écriture,
quand il conte dans *Ecuador* ou dans *Passages*
son tourment le plus personnel et dans les livres
de la drogue le détail de ses expériences, il poursuit un autoportrait en chantier perpétuel qui
devient une vraie leçon d'être. La plus grande
singularité ouvre sur la plus grande connaissance, et je laisse Michaux répondre à qui pen-
serait qu'un tel cheminement implique trop peu
l'expérience esthétique : *Savoir, autre savoir ici,
pas Savoir pour renseignements. Savoir pour
devenir musicienne de la Vérité*[c], et suggérer
ainsi la médiation de l'art.

La plupart des grands auteurs modernes se
vouent à une recherche sur les moyens et les
raisons de leur création. On voit jouer à l'intérieur des œuvres elles-mêmes une réflexion que
la tradition classique invitait plutôt à poursuivre
dans des ouvrages marginaux. Caillois intitule
par exemple « Eléments pour un art poétique »
un chapitre de sa *Poétique de Saint-John Perse*
qui n'est composé, à l'exception de quelques
extraits de lettres ou de témoignages, que de
fragments des livres de Perse. L'écrivain s'observe et se commente. Tout poète est aujourd'hui
un peu le poète du poète, c'est pourquoi, je crois,
les romantiques allemands, plus que d'autres
dans le passé de la littérature, nous sont proches.

Pour Michaux, tout ce qui est de la langue
touche en lui une curiosité native. Il n'y a pas

a. *Ecuador*, p. 98.
b. *Ailleurs*, p. 244.
c. *Face aux verrous*, p. 189.

en Asie de pays qu'il ne visite sans qu'aussitôt il ne se livre à d'amples remarques de phonétique ou de sémantique. Ses descriptions de la langue chinoise ou de la langue arabe révèlent un souci du moindre détail. Il cherche en quoi ces langues diffèrent de la sienne, puis il poursuit son étude par des remarques sur les peuples qui les parlent, et montre ainsi le lien de l'homme à son langage. Dans les pays imaginaires même, ce qui est plus significatif encore, il ne manque pas en plusieurs endroits de se livrer à des observations semblables. Une autre fois, alors qu'une dent cariée lui cause une vive souffrance, il hésite à se déranger, *occupé (...) à une étude sur le langage* [a]. On a vu ce que la peinture et les idéogrammes l'incitaient à dire des mots, tous ses livres manifestent de telles préoccupations. Enfin un texte, *Alphabet* [b], court et admirable, jette une lueur d'une vivacité extrême.

Tandis que j'étais dans le froid des approches de la mort, je regardai comme pour la dernière fois les êtres, profondément.

Au contact mortel de ce regard de glace, tout ce qui n'était pas essentiel disparut.

Cependant je les fouillais, voulant retenir d'eux quelque chose que même le Mort ne put desserrer.

Ils s'amenuisèrent et se trouvèrent enfin réduits à une sorte d'alphabet, mais à un alphabet qui eût pu servir dans l'autre monde, dans n'importe quel monde.

Par là, je me soulageai de la peur qu'on ne

a. *Plume*, p. 12.
b. *Epreuves, Exorcismes*, pp. 37-38.

m'arrachât tout entier l'univers où j'avais vécu.

Raffermi par cette prise, je le contemplais invaincu, quand le sang avec la satisfaction, revenant dans mes artérioles et mes veines, lentement je regrimpai le versant ouvert de la vie.

L'anecdote possède un caractère imaginaire, une fois encore la parabole mythologique est messagère de vérité. Le regard qui précède la mort s'attache à l'essentiel : les êtres se métamorphosent et prennent l'apparence d'un alphabet. Il faut entendre cela de deux manières. Les êtres forment un langage, on peut ainsi les approcher et parvenir à une lecture ; ils sont unis par les mêmes rapports qui commandent les mots. D'autre part, l'essentiel pour chaque être est son langage. Le *n'importe quel monde* qui figure en italique dans le texte atteste que dès qu'il existe un langage, il y a ouverture sur un monde, c'est-à-dire une possibilité de sens et de reconnaissance. Les deux significations s'entre-croisent. L'être est un signe entre les signes, il habite parmi les êtres comme un mot parmi les mots, et le monde des êtres n'est lisible pour lui que s'il possède à son tour un langage, un alphabet, un système de signes, qui lui permette de s'adresser à autrui comme à autrui de s'adresser à lui. Il existe dans les mots et les hommes le même alliage de sens et d'obscurité, et le langage, loin d'expliquer l'énigme, ne fait que la redoubler mais permet de la formuler et de la vivre. Toute la fin du texte continue d'affirmer que le langage est la condition de l'être ; l'homme qui peut apercevoir un langage tient encore à l'univers humain. Tant qu'une lecture demeure concevable, c'est-à-dire tant que l'être pourra participer à un déchiffrement intersub-

jectif et posséder une parole, il lui sera permis
de contempler, invaincu, le monde. La folie et la
mort se retirent. Ouvert est le versant de la vie
pour qui reconnaît comme irréductible la faculté
de langage et répond à la vocation essentielle de
vivre. On pense aux pages extraordinaires de
Biffures où l'alphabet inaugure pour l'enfant la
véritable découverte du monde. Ce n'est pas un
hasard : s'il fallait nommer une œuvre qui
évoque un peu celle de Michaux, je n'hésiterais
pas et penserais aux livres de Michel Leiris.

Ce qu'elles ont en commun, ce n'est pas tant
ce goût particulier pour les choses du langage,
que d'être d'une façon générale des œuvres critiques. Il ne faut pas prendre ce mot dans le
sens restrictif que lui donnent certains, mais
comme l'indice de ce qu'entendait Merleau-Ponty
quand il affirmait que jamais la littérature n'a
été aussi philosophique, et que les philosophes
failliraient-ils, ils seraient promptement rappelés
à la philosophie. Toute œuvre sans doute est critique, et tous les appareils rhétoriques et fictionnels ne peuvent empêcher qu'on y rencontre
l'œil vivant d'un auteur, et que dans le langage
de toute œuvre classique on en découvre un
second subtilement incorporé, qui ouvre à la vie
souterraine d'un être. Mais la littérature moderne
parle plus ouvertement ; des œuvres dont la
modernité sur d'autres points demeure discu-
table, comme celles de Char ou de Breton, le
confirment aisément. Le roman même, qui peut
passer le plus pour un genre objectif, s'il est
rarement critique au sens où Michaux permet de
l'entendre, ne fait qu'accentuer chaque jour le
reflux vers l'individu et précipiter ainsi le mouvement général qui pousse un être à poser tou-

jours plus directement la question de l'être. Nathalie Sarraute a bien décrit ce moment où les personnages secondaires « ne sont que des excroissances, modalités, expériences ou rêves de ce « je » auquel l'auteur s'identifie [79] ». Le roman moderne devient ainsi souvent une sorte de journal intime dont un reste de distance objective demeure le dernier prétexte. C'est ce prétexte que Leiris abolit dans *L'Age d'Homme* et les deux volumes de *La Règle du Jeu*, retrouvant comme Michaux la distance par une subjectivité poussée à son extrême, et c'est ainsi que soudain, ne parlant que de soi, il retrouve la totalité de l'être, et l'option critique.

La littérature de ce siècle aura tout fait pour bouleverser les rapports de la création et de la critique. Cela commence à Proust et finit à Butor. Jamais la relation de l'auteur à son œuvre n'aura à la fois montré autant d'évidence et dévoilé autant de nuances infinies. La littérature a jeté certains de ses masques, même si c'est pour en mettre d'autres. Ce qu'on tenait alors pour la création véritable perd un peu de ses droits, et ce qui n'en paraissait pas surtout gagne un droit à le devenir. On peut tenir cette contamination pour néfaste, certains y voient le signe d'une étrange impuissance. On peut penser qu'elle est d'un temps, d'une société et d'une classe, rien n'oblige à la croire éternelle. Mais on ne peut l'ignorer, qu'on la déplore ou qu'on s'en satisfasse, et je n'en veux pour preuve que la tendance du cinéma actuel à s'en faire le fervent défenseur, chez Rouch ou Fellini, chez Resnais ou Marker. La contestation critique, la voix directe, comptent parmi les signes de la modernité.

Ce qui frappe chez Michaux où ce phénomène, on l'a vu, se manifeste sous son jour le plus pur, c'est qu'occupé à un projet unique, déterminer la mesure de son être, il puisse donner de la présence humaine des images aussi différentes et d'une telle variété. L'arbre sans fin, l'arbre de vie de *Paix dans les brisements* est partout présent, et cependant peu d'œuvres semblent parfois à ce point contingentes et futiles, comme abandonnées à un émiettement. On sent ainsi admirablement dans la moindre page la constante relation de l'essentiel à l'inessentiel, la contingence et la nécessité tout ensemble. Merleau-Ponty s'est plu à opposer Descartes et Pascal, celui qui disait que la métaphysique était l'affaire de quelques heures par mois, celui pour qui elle était présente dans le moindre mouvement du cœur [80]. La littérature et la philosophie modernes sont filles de Pascal, Michaux le montre bien, lui qui dévoile de façon étonnante comment dès le premier regard humain se noue l'échange entre chaque accident et la totalité de l'être. Sans doute Michaux n'est-il pas philosophe, puisque ce n'est qu'en discourant sur l'être que le philosophe vient à parler de lui, et que lui fait l'inverse. Pourtant, son allure directe, elle la doit à une façon nouvelle de se tenir entre la littérature et la philosophie, le sentiment et la méditation, l'impression et la pensée. Ce qui lui donne comme à d'autres œuvres modernes une physionomie très particulière, c'est un pouvoir de conjuguer plus ou moins l'imagination littéraire et la réflexion philosophique. Ce n'est posséder, dira-t-on, ni le sérieux du philosophe, ni le charme du littérateur. Sans doute. C'est gagner autre chose, et qui n'est

réductible à rien. Mais cette alliance est rare et
périlleuse. Le domaine de la pensée et de l'art
n'est pas une cour des miracles. Croire trop vite
à une communauté serait servir une confusion.
La littérature parfois montre moins de distance,
la philosophie perd un peu de son allure rigoureuse, leur but est plus manifestement semblable,
mais il diffère par où bifurquent leurs chemins.
Il devient seulement plus difficile de les tenir
pour divergentes et parfois leur intime mélange
permet, comme chez Michaux, que se noue une
aventure singulière du mot et de l'idée.

L'art et la pensée ne font jamais que poser des
questions, et les questions ne changent pas tellement que la façon de les poser, les masques qui
les recouvrent et les découvrent, et les réponses
surtout qu'on veut ou ne veut pas donner. Il y a
toujours dans la question une part de réponse, le
langage jamais n'est fermé sur lui-même. Le
Moyen Age, pourtant, aimait plus les réponses, et
je ne vois pas de temps qui plus que le nôtre ait
choisi les questions. On a pu même s'irriter justement d'une sorte de nouveau formalisme, d'un
dogmatisme critique qui au nom de la remise en
doute allait jusqu'à se satisfaire complaisamment
de toutes les incertitudes [81]. Ce reproche s'adresse
surtout à qui est philosophe, ou parle comme
tel. Ce que la littérature critique montre de singulier — on l'a assez défini, je crois, pour lui
prêter un nom — c'est, dans le mouvement
violent d'une subjectivité, dans l'innocence aussi
que permet l'abandon littéraire, de n'être pas
soumise à la même raison que la philosophie
exige, à la même rigueur du concept, alors qu'il
lui arrive de poursuivre de semblables interrogations.

*Age d'or des questions, et c'est de réponses que
l'homme meurt* [a] dit Michaux en évoquant l'enfance. Par quelque biais qu'on l'introduise,
quelque côté qu'on le découvre, l'être est mis à
la question, dirait-on, si ce n'était là suggérer
l'idée d'une trop grande violence. Est-il une
œuvre qui dans le détail assigne aussi parfaitement à l'homme une mesure sans pourtant
jamais se dérober aux questions essentielles ? La
délimitation de l'être passe par d'infinis détours,
on s'arrête à toutes les incidences, mais on finit
toujours par revenir à l'être et confirmer qu'on
ne l'avait jamais quitté. Rien de tout cela n'est
vraiment théorique, Michaux est d'une spontanéité proprement incroyable. Ses livres sont
divers, graves et ironiques, tragiques et souvent
drôles, parfois inattendus et toujours d'un très
grand naturel. On peut rire et pleurer, sourire,
rêver et méditer. Les questions montrent une
liberté totale, et peuvent aussi bien susciter d'infinis commentaires que rester sans réponses, il
n'y a pas de limite aux suggestions de ces pro-
menades où s'harmonisent si heureusement la
sensibilité et l'intelligence. Un visage de jeune
fille, est-ce une réflexion ou un abandon, une
suite d'aphorismes ou un bouquet de mots ? Le
portrait de l'homme blanc, est-ce une méditation
sur l'histoire ou une suite de remarques ironiques ? Ce sont chaque fois des interrogations
plus ou moins poursuivies qui se reprennent parfois de page en page et de livre en livre, c'est
un itinéraire infiniment divers où l'être n'en
finit pas de se perdre et de se retrouver. On en
a dit l'essentiel, mais autour des figures princi-

a. *Passages*, p. 52.

pales, comment rendre le mouvement vivant qui
porte à tout considérer, à faire de chacun des
passage, ensemble ou tour à tour, l'instant d'une
émotion comme d'une pensée.

Il serait vain de vouloir suivre à la trace un tel
cheminement, dans l'entrelacs du réel et de
l'imaginaire, de l'objectif et du subjectif, dans
ces méandres subtils qui font de la moindre
phrase un miroir à deux faces, dans l'infini
miroitement de la fiction critique et de la vie
rêvée, de l'impression abstraite et de la pensée
fugace, il est vain de penser à une relecture
quand on est obligé au survol. On en pourrait
dire autant de bien d'œuvres, dira-t-on. Je ne le
crois pas ; celle-ci donne le sentiment d'une
conversation ininterrompue, et malgré sa
rigueur, d'un surgissement capricieux. Tout est
bon à qui raconte l'être dans sa diversité quotidienne et mythique. Il y a chez Michaux une
volonté de dire, et de tout dire. On a levé un
masque pour se tenir plus près de l'homme
encore, et pour en donner la mesure, expressément.

Toute science crée une nouvelle ignorance.

Tout conscient, un nouvel inconscient.

Tout apport nouveau crée un nouveau néant [a].
On trouve dans ces lignes le souci essentiel de la
pensée moderne, comme il y a dans *Passages*
quelques pages qui comptent parmi ce qu'on a
écrit de plus vrai et de plus beau sur l'art de
peindre, comme il y a partout dans l'œuvre une
rare intuition de ce qu'est véritablement la
modernité. *Qui cache son fou, meurt sans voix* [b],

a. *Plume*, p. 216.
b. *Face aux verrous*, p. 65.

est-il un mot plus juste pour parler de l'écriture
et de ses propres livres ? Et ce qu'il dit partout
de l'imagination, du temps et de l'espace, que ce
soit en Grande-Garabagne, sur le bateau qui
part pour l'Equateur ou dans les infinis turbu-
lents de la mescaline. J'ai déjà évoqué l'importance considérable des livres sur la drogue, je ne
vois pas qu'on ait mieux parlé de soi et énoncé
plus clairement au cours d'une aventure
humaine, le métaphysique dans l'homme.
Gabriel Bounoure écrivait que le génie de
Michaux est d'être un grand névropathe avec
une grande santé de l'intelligence [82], c'est sans
doute la meilleure définition de cette nervosité
intellectuelle du mot par où dans la simple évidence narrative et dans la pure affirmation
conceptuelle, jaillissent à tous moments les
éclairs de l'être.

Rien n'arrête la curiosité de Michaux. Il a
écrit sur l'art. Ainsi ses textes de critique : picturale — le si beau texte sur Klee, *Aventures de
lignes*, disposé en petits versets, ou la préface au
catalogue de Joseph Sima, *Sous les Yeux*, compo-
sée en vers libres ; littéraire — son analyse si
fine sur les poètes et le voyage ; musicale enfin.
Critique au sens conventionnel, non pas, mais
une forme particulière de littérature critique :
quelques fragments du grand documentaire.

Michaux aime à parler de sa passion du dictionnaire, il y contemple *la multitude d'être
homme, la vie aux infinies impressions* [a]. Si l'on
excepte Chris Marker qui lui doit tant, Michaux
est le plus grand documentariste de ce temps.
Il y a tout dans ce mot qu'une idée fausse fait

a. *Passages*, p. 23.

souvent mépriser, tout, le regard, la curiosité, le
souci, la culture, la connaissance, l'innocence et
le bonheur, la diversité et l'unité, la force persua-
sive de l'ensemble et la fascination du détail.
Pour se savoir barbare, il faut se savoir proche,
tenter la merveille de ce voyage d'Asie, tout voir
et parler de tout, retrouver l'homme à chaque
coin de paysage, convoquer à soi tout l'Occident
pour tenter de connaître l'Orient, appeler *Confucius : l'Edison de sa morale* [a], pouvoir inventorier, comme on le ferait de ses propres richesses,
tout ce qu'en artisan le Chinois a trouvé, *La
brouette, l'imprimerie, la gravure, la poudre à
canon, la fusée, le cerf-volant, le taximètre, le
moulin à eau, l'anthropométrie, l'acupuncture,
la circulation du sang, peut-être la boussole et
quantité d'autres choses* [b]. On n'a jamais cessé
de dresser l'inventaire. On pourrait croire à de la
futilité, j'y vois la forme souriante de la gravité.
Rien n'est indifférent, et il est admirable que
disant ainsi le monde, un homme apprenne et
enseigne autant de lui-même, en Equateur, dans
les pays imaginaires et aussi n'importe où.
L'homme n'apparaît que sur un fond d'histoire
et de coutume, tout détail le précise et définit au
même instant celui qui le formule. Il y a un art
de la digression qui touche à l'humanisme. La
digression, chez Michaux, c'est l'état de nature.
Le prétexte est infini, le mouvement semblable,
qui porte à regarder le monde et l'image de soi
qu'on y peut reconnaître. Ce sont aussi bien les
seins des Balinaises que le cœur du palmier, le
format des hosties que l'expédition d'Alexandre,

a. *Un Barbare en Asie*, p. 173.
b. *Ibid.*, p. 145.

une partie de polo que le cancer du rat. L'écriture montre une liberté étonnante. *A ce propos des vaches et des éléphants. J'ai quelque chose à dire. Moi, je n'aime pas les notaires. Les vaches et les éléphants, des bêtes sans élan, des notaires* [a]. On note ses pensées sur un journal intime, et soudain c'est une équatorienne, au sens où Marker parle de *Coréennes*, « pièces d'inspiration coréenne ». Il y a en Michaux de l'encyclopédiste — un chapitre de *La Nuit remue* s'appelle *Sciences Naturelles* — et toujours il se figure sur les planches en même temps qu'il les dessine. On ne saurait se mesurer sans arpenter le monde.

Tout converge dans *Passages*, admirale chronique d'un homme d'aujourd'hui, c'est pourquoi on y trouve tant de diversité et autant d'unité. L'être y répond à des questions multiples, il commente sans jamais se lasser l'étrange familiarité du monde. Chacune des *Idées de traverse* est la formulation d'un rapport, qu'elle soit une anecdote — celle de deux fillettes hindoues élevées par une louve — ou une phrase abstraite — *L'amour, c'est une occupation de l'espace* [b]. On comprendra aisément qu'un des caractères essentiels de cette forme de littérature est de frapper de stérilité le débat de la littérature et de l'engagement. Chacun peut juger comme il lui plaît les propos d'un auteur, mais il est certain qu'attaché à se reconnaître dans sa particularité quotidienne et concrète et à susciter l'infini monologue d'une question permanente, cet auteur témoigne de son engagement dans le monde, et

a. *Un Barbare en Asie*, p. 18.
b. *Passages*, p. 23.

par là de lui-même et du monde. Bréchon dit
justement qu'on ne manquera pas de faire à
Michaux le reproche d'idéalisme et de mauvaise
foi. Il y a des cas où de pareils reproches n'ont
aucun sens. Je ne parle même pas de la manière
un peu diabolique dont Michaux situe les critiques éventuelles, manifestant une telle intelligence de lui-même que cela vaut déjà la peine
d'écouter qui peut se commenter ainsi. Comment, alors qu'un homme décrit sa situation
et que son œuvre réfléchit sa condition, ne
pas la prendre pour ce qu'elle se donne, un
miroir et un témoignage. Les écrits de Michaux,
par exemple, ne s'appliquent pas à la réalité
politique et sociale, mais ils ne s'en détournent
pas. Rien n'est étranger à Michaux, un peu
comme à Montaigne. Quel dommage, si l'on y
réfléchit, que Merleau-Ponty, qui a si bien parlé
de celui-ci, n'ait jamais considéré celui-là. Leurs
humeurs étaient bien différentes, mais ce philosophe écrivain et cet écrivain philosophe avaient
en commun quelque chose, ce par quoi sans
doute ils s'éclairent l'un l'autre. Michaux, donc,
montre un vrai souci du monde. Il a très bien
témoigné de la guerre : les pages de *Epreuves*,
Exorcismes en expriment la quotidienne angoisse
et le souvenir n'en est plus jamais absent dans
les recueils qui suivent. Leiris évoque le Havre
au début de *L'Age d'homme*, et ne peut s'empêcher de raconter la guerre. De même pour
Michaux, la guerre a passé dans l'être et figure
à l'horizon humain.

C'est ainsi que diversement masqué paraît le
monde chez cet écrivain qu'on s'est trop plu à
décrire uniquement tourné vers soi, comme si un
commentaire véritable de soi pouvait éluder l'ex-

périence du monde. Je pense par exemple à ce
que Michaux écrit de l'*Hommisme* et de la solidarité, de la communauté d'être homme, *si
étrange la vie, si absurde, dès qu'on n'est plus
parmi les siens...* [a]. Je pense aussi à ces innombrables moments où il parle de l'avenir du
monde, à cette émouvante modernité qui toujours le fait incliner vers une condition plus belle
et plus heureuse. *Jeunes filles de l'an douze
mille, qui dès l'âge où l'on se regarde dans un
miroir, aurez appris à vous moquer de nos lourds
efforts de mal détélés de la terre* [b]. Ce texte s'appelle *Avenir*. On y sent la nostalgie violente d'un
monde différent. Ce sera pour d'autres, sans
doute, ne cesse-t-il de répéter, comme s'il y avait
là déjà quelque chose de bon [83]. On n'en finirait
pas d'inventorier ces références au futur, les
questions permanentes sur les mutations possibles du monde, sur l'histoire, la science,
l'ethnographie ou la psychologie. Tout est prétexte à Michaux pour cerner l'horizon habitable,
et définir une mesure de l'homme.

Cette œuvre qui se situe entre le roman, le
traité et le journal intime, frappe d'abord par
l'audace de sa forme et la nouveauté de sa position. Michaux prend la parole en son nom
propre. Ce qui définit assez bien la littérature
critique qu'il incarne si parfaitement, c'est
qu'instruite des déviations propres à toute parole
comme des inflexions vivaces et délibérées de la
subjectivité, consciente du risque qui mine le
langage, elle n'essaie en rien de refuser ce déchir-
rement, mais l'assume au contraire, choisit de

a. *Passages*, p. 35.
b. *Plume*, p. 102.

le penser et de le vivre pour ne rien perdre du pouvoir de parler librement. Au nom de cette forme un peu nouvelle de la lucidité, Michaux ne craint pas de parler d'exorcisme pour évoquer le système du philosophe [a] et préfère plutôt qu'à la pensée s'attacher toujours à la perspective d'où elle surgit [b]. Ce gauchissement, Merleau-Ponty n'a jamais cessé de l'analyser, allant même dans *Le Visible et l'Invisible* jusqu'à y reconnaître la condition de l'expression ; mais si le philosophe essaie toujours sinon de le soumettre, au moins de le contenir et le diriger, pour Michaux, à l'inverse, aucune retenue ne paraît l'inquiéter, et c'est avec innocence ou rage tour à tour qu'il parle de lui-même et d'autrui et du monde et donne sa mesure en même temps qu'une mesure de l'homme.

J'aimerais me livrer à un dernier grand jeu d'exemples, pour répéter encore et faire mieux comprendre que Michaux est un de nos meilleurs arpenteurs, un de ces horribles travailleurs dont parlait Rimbaud, le Grand Savant aussi mais dont l'homme livré à lui-même reste le seul souci. J'organise une mosaïque idéale, on pourrait en imaginer d'innombrables. Certains textes datent de 1921, d'autres de 1964.

Penser ! plutôt agir sur ma machine à être (et à penser), pour me trouver en situation de pouvoir penser nouvellement, d'avoir des possibilités de pensées vraiment neuves.

Dans ce sens je voudrais avoir fait de la pensée expérimentale [c].

a. *Epreuves, Exorcismes*, p. 8.
b. *Plume*, p. 214.
c. *Passages*, p. 151.

L'homme est plus vite. (...) Emotivement l'homme est devenu plus vite [a].

Y aura-t-il encore une guerre ? Regardez-vous, Européens, regardez-vous.

Rien n'est paisible dans votre figure.

Tout est lutte, désir, avidité.

Même la paix vous la voulez violemment [b].

Je voudrais pouvoir dessiner les effluves qui circulent entre les personnes.

J'aimerais aussi peindre l'homme en dehors de lui, peindre son espace.

Le meilleur de lui qui est hors de lui, pourquoi ne serait-il pas picturalement communicable ?

Dans la joie, l'enthousiasme, l'amour, l'élan combatif, l'exaltation de groupe, il est hors de lui. C'est là qu'il faudrait le peindre. Même sa méfiance est autour de lui.

L'homme le plus réservé se fait encore un bain des alentours [c].

Est-ce que l'homme entier comprendra les morceaux d'hommes ?

Fatalement, si pas aujourd'hui, demain.

L'attention moderne se porte sur des phénomènes inouïs [d].

Je voudrais dévoiler le « normal », le méconnu, l'insoupçonné, l'incroyable, l'énorme normal. (...) Je voudrais dévoiler les mécanismes complexes, qui font de l'homme avant tout un opérateur [e].

a. *Cas de folie circulaire.*
b. *Un Barbare en Asie*, p. 216.
c. *Passages*, p. 100.
d. *Les Rêves et la jambe*, p. 26.
e. « *Le Merveilleux Normal* », *Lettres Nouvelles* (octobre 1963).

S'il s'agissait de musique, j'appellerais cela une suite pour l'être. La passion de comprendre, le désir de nommer, de voir et de savoir, d'aller au bout de soi pour apprendre à mieux vivre, éclatent dans ces lignes. Merleau-Ponty parle de « *mesurants* pour l'Etre [84] », je ne vois pas de mots plus justes. Il est très étonnant de voir à quel point les questions soulevées par l'écrivain et le philosophe dans leurs dernières œuvres sont par moments semblables malgré la différence des langages. Si je poursuis ce parallèle, ce n'est pas tant pour le plaisir de raconter Merleau-Ponty, mais parce qu'il est essentiel qu'un écrivain et un philosophe soient en butte aux mêmes exigences, la proie des mêmes intuitions, et se montrent toujours plus proches sur le chemin de la pensée. Michaux parle de *merveilleux normal*, Merleau-Ponty d' « être brut » ou d' « esprit sauvage ». On sent un même désir de ne rien laisser fuir de l'être et de ne pas se satisfaire du portrait trop simple qu'une raison conquérante en a souvent donné. Ils ne visent l'un et l'autre qu'à décrire enfin ce temps où tout concorde, ce lieu où tout se noue. Michaux en vient de plus en plus à une structure du comportement, Merleau-Ponty n'a jamais fait que parfaire sa première vision. Chacun possède ses armes et des atouts différents : le premier, une double activité de peintre et d'écrivain, ses expériences de la drogue, une grande curiosité anthropologique ; le second, l'exercice dans tous les domaines de la culture et de la réflexion philosophique. L'un recourt aux expériences faites sur des oiseaux pour comprendre la nature de la musique, l'autre à celles pratiquées sur des grands singes pour saisir le travail de la conscience, tous deux étudient les cas de maladies mentales pour mieux décrire ce qu'est un être qui parle et qui voit. L'un dit « empiétement », « enroulement », « enjambement », « jointures », et l'autre, en parlant de la pensée : *micro-opérations silencieuses de déboîtements, d'alignements, de parallélismes, de déplacements, de substitutions* [a]. Et quand Merleau-Ponty évoque « l'intercorporéité », « le passage d'autrui en moi et de moi en autrui [85] », recherche enfin la vérité de l'être antéprédicatif, comment ne pas ressentir que c'est cela même qu'à sa façon Michaux a toujours conté et enseigné. Il y a plus. Je me demande si on ne trouverait pas par instants dans l'œuvre de Michaux un début de solution, ou au moins un écho, à ce problème du langage de la philosophie sur lequel Merleau-Ponty s'interroge dans les derniers chapitres de son livre inachevé. Les récents livres de Michaux montrent un langage exact de la pensée, *Le Visible et l'Invisible* témoigne d'une absence. Il faudra un jour essayer de comprendre ce double phénomène ou cette identité. Je parlais d'un livre sur la drogue : cette discussion en serait un chapitre essentiel.

L'œuvre de Michaux étonne. Jamais elle ne se départ d'une imagination, d'un style et d'un esprit absolument originaux. Michaux peut déplaire, ne pas émouvoir, tout auteur court ce risque, mais ceux qui osent conjuguer l'art et la pensée et les incliner fortement selon leur caprice, ont une position inconfortable. Comme Nietzsche, Michaux est outrageusement personnel. La singulière richesse des textes est à ce prix. Michaux publie assez souvent sa singularité

a. « *Le Merveilleux Normal* », *op. cit.*

pour qu'on n'en doute pas ; il n'est pas impossible qu'elle joue parfois comme un écran et dissimule des vérités primordiales.

On sent partout une sorte de respiration du malheur, une dérision sans limite, un retirement parfois si aigu et si douloureux, une agressivité aussi, tellement diverse et violente, qu'une attitude semblable peut paraître excessive et un peu étrangère. Un sentiment de nostalgie et d'exil se fait partout sentir, un vide jamais n'a été comblé, celui laissé par l'absence d'un véritable père et d'un véritable Dieu. La postface de *Plume* où Michaux dénonce le *préjugé de l'unité* n'est que l'amère consécration d'une lucidité sans appel, la rupture avec une image vivante et trop aimée, cette boule qui définit à la fois le repos de l'être et celui de la Divinité. L'ordre ancien est brisé, l'ordre nouveau n'est pas venu encore. L'être est seul, égaré, divisé, il vit dans le retirement, dans un double et unique malheur du corps et de l'esprit. On a vu la réalité, les mots, les images d'un perpétuel sentiment de la séparation, rien ne l'évoque mieux que ces petites phrases amères et coupantes, dont le titre, *Tranches de savoir*, traduit si bien la volonté d'absolue clairvoyance :

> *Ma vie : Traîner un landau sous l'eau,*
> *Les nés-fatigués me comprendront* [a].

> *Je fus le vivant qui dit : « Je veux d'abord hiverner* [b].

> *A huit ans, je rêvais encore d'être agréé comme plante* [c].

a. *Face aux Verrous*, p. 53.
b. *Ibid.*, p. 41.
c. *Ibid.*, p. 43.

Ce qui rend Michaux si singulier, c'est autant que sa continuelle angoisse, son formidable humour. Il y a chez Michaux une ironie sans nom, et presque une allégresse de la férocité. S'il choque et ravit tant, c'est moins parce qu'il est brutal ou monstrueux que parce qu'il est aussi désarmant de naturel, à la fois sérieux et incongru, méchant et infiniment tendre. Michaux est tout de rage et d'abandon, et rien n'échappe à la lucidité mordante et dérisoire, rien, si ce n'est une sorte de grande bienveillance qu'on a trop peu entrevue dans ses livres.

Ainsi l'œuvre de Michaux montre une subjectivité blessée et un humour destructeur, mais n'en pose pas moins la totalité des questions essentielles à l'homme de ce temps. Parfois tournée vers le passé, parfois vers l'avenir, elle affronte une nostalgie et un goût de l'impossible à l'actualité tyrannique du monde. Elle est surtout terriblement présente. L'intelligence et la lucidité font un enseignement de ce qui aurait pu souvent n'être qu'un abandon, on y sent même, et comme en filigrane, les signes d'un naturel qui pourrait bien passer pour un présage. On y voit une manière originale de chercher ses références, et peut-être Bréchon n'avait-il pas tort quand il se demandait si Michaux n'annonce pas un homme nouveau. Il ajoutait, libre et accompli. On ne sait que répondre. La véritable liberté, ce serait l'innocence, un oubli sans dérobade et sans remords, un oubli de l'oubli, autant dire impossible. On ne retourne pas au royaume des enfances perdues, et je doute qu'on puisse les réinventer vraiment. Mais il y a toujours plus de liberté aussitôt qu'il y a plus de conscience. L'homme accompli, c'est peut-être celui qui parle un heureux langage, en qui le sens et le non-sens trouvent un véritable équilibre, un être pour qui notre folie et notre désespoir auront quelque chose d'étrange, pour qui tous les divorces dont nous souffrons prendront le visage d'une vie naturelle. Alors Michaux aura beaucoup permis, car il est vrai qu'il ouvre un chemin vers cette nouvelle mesure de l'homme.

Ces images du monde, par exemple, souvent un peu brisées, mais si bouleversantes, à quoi visent-elles, sinon à trouver une assurance au sein de la débâcle et à instaurer une harmonie où l'homme s'équilibre au sein de sa difficulté. « Il est possible que la religion du XXIe siècle soit enfin celle du monde » disait un jour Chris Marker. Ces mots résument tout ce que Michaux écrit de l'avenir, son amour pour Supervielle — qui ressemble si fort à celui de Marker pour Giraudoux —, sa sensibilité à la création et ce ravissement immédiat qu'il éprouve souvent devant les êtres et les choses et qui ressemble à la grâce de vivre. *Ce sont les pérégrinations de la biche et de la panthère jusqu'à ce qu'enfin elles se rencontrent. Oh moment ! oh moment extraordinaire ! et tout devient si simple, si simple.*

Le calme, dit le Maître de Ho [a].

L'harmonie, c'est cela, et aussi ce moment dans la peinture où naissent enfin des figures vivantes : *O Monde que je ne sentais plus qu'à peine et fuyant, tu reparais à nouveau, jaillissant ! Et moi aussitôt, tel un infirme désemparé, suis renversé en Ta Présence* [b].

a. *Epreuves, Exorcismes*, p 70.
b. *Passages*, p. 98.

L'œuvre de Michaux est une des images les plus parfaites d'un temps où la confiance et la détresse se mêlent étrangement, où le bonheur et le malheur font un curieux ménage et donnent à la voix de l'écrivain une allure incertaine et tenace qui sans doute plus tard le fera reconnaître. Je ne crois pas qu'on ait jamais autant désespéré et espéré du monde. Si Michaux est si proche, c'est que comme Leiris ou Marker, il ne cesse de mettre ce dilemme en parole, comme si le parler était déjà une assurance, non pas pour l'effacer, mais pour le vivre mieux. L'obligation de conjurer, la soif d'imaginer, le besoin de connaître, cette étrange alchimie qui est de tous les temps mais que le nôtre propose avec une acuité nouvelle, on les retrouve dans cette œuvre, marqués du sceau de la modernité. On peut rêver d'une humeur plus heureuse, l'essentiel est que celle-ci la permette. Il s'esquisse ici entre soi et soi, soi et autrui, soi et le monde, une véritable mesure de l'homme, un peu nouvelle aussi, celle-là même qu'avec autant d'éclair et de gravité, un peu moins d'audace mais un peu plus d'égalité, dispense la philosophie de Merleau-Ponty.

VI

La question de la poésie

Une question demeure. Cette écriture, cette langue intermédiaire, faut-il la nommer poésie ? Est-ce encore de la poésie ou n'en est-ce plus ? et qu'est-ce enfin aujourd'hui que la poésie ?

Si on tient Michaux pour un poète, une idée de la poésie meurt avec lui. Elle n'admettait pas le doute, il est de ceux qui l'ont permis. Si on ne le reconnaît pas comme un poète, c'est astreindre la poésie au destin sans mélange dont elle se réclame et l'y précipiter plus vivement encore. Si l'on en croit Michaux et ce qu'il dit des mythes, le mythe de la poésie a peut-être trop duré pour être encore une réalité vivante.

Quand la poésie n'est que le plus bel ornement de la prose, elle est un genre, une manière de parler avec plus de transport et de grâce. Les formes qui servaient cet admirable usage n'ont aujourd'hui presque plus cours. Il n'y a plus de Ronsard ni même de Racan. On peut le regretter, et quand Aragon rime comme autrefois Marot, sans doute est-ce encore de la poésie puisqu'on peut la mettre en chanson. Le poète est un charmeur, c'est là son privilège.

Quand la poésie devient mythe et se distingue

de la prose, elle propose une figure, le poète, une forme, son langage. Elle assume une condition particulière, elle est une parole inspirée. Les formes littéraires ont évolué, l'homme a perdu son rapport à la Divinité, le poète s'est voulu identique et écrivant en prose dans un monde sans Dieu, il a continué de promouvoir cette idée de la poésie par un exercice infiniment périlleux de la parole et la croyance en un destin original. Il possède le langage comme un privilège.

Quand la poésie naît de la prose, on l'appelle encore poésie. Le privilège de l'auteur est d'écrire avec bonheur.

Cela est un peu simple, mais n'a rien d'ironique ; il n'existe rien d'autre : la poésie comme genre, comme nature et comme qualité, et tous les liens qui les unissent, permettant toutes les nuances et toutes les confusions. La poésie comme genre est un domaine assez bien délimité qui appartient plus à l'histoire qu'au présent, comme qualité, elle peut surgir à tout instant. La poésie comme nature irréductible, c'est le dernier bastion de la particularité.

Toutes les époques, dit Heidegger dans l'un de ses commentaires de Hölderlin, ne connaissent pas le bonheur de la véritable habitation poétique. Heidegger se sert des paroles de Hölderlin pour introduire sa pensée. Car l'habitation poétique repose sur un commerce avec la Divinité, elle s'exerce au sein de la bienveillance. Le poète est celui qui parle au nom de la pure amitié. Ce n'est pas le lieu d'examiner ce que le mot Divinité recouvre exactement pour Hölderlin, mais il est certain qu'il exprime une positivité qui n'a plus aujourd'hui de véritable sens. Heidegger ne dit pas si c'est cette raison qui le pousse à dire que notre époque ne permet pas à l'homme d'habiter en poète, mais il se peut qu'elle ne soit pas étrangère à ses affirmations. Quelques lignes suggèrent que l'histoire du sentiment poétique moderne est celle d'une progressive usure ; le langage ne permet plus une juste mesure. Qu'est-ce donc aujourd'hui pour l'homme qu'habiter par la force des mots ? Et quelle est-elle, la parole sans aucun privilège qui nous reste en partage ? Si l'homme n'habite plus véritablement en poète, c'est que cela n'a plus grand sens, et que parler encore avec sérieux de poésie ou de prose devient chaque jour moins exact et surtout plus frivole. L'homme parle la langue de l'être, une langue sans preuve, déliée de tout oracle, et dont l'unique vérité tient dans l'image offerte à ceux qui ont choisi l'aventure des mots. Il s'essaie à une mesure de l'être, et si son langage est un peu incertain, c'est qu'il y a aujourd'hui une autre difficulté à vivre et qu'on ne l'a pas encore absolument reconnue. L'art et la pensée modernes ne vont pas sans heurts et sans désordre, mais on sent quelquefois les prémisses d'une sagesse un peu nouvelle, les premiers signes d'un langage qui s'approche de l'être avec une étonnante liberté.

J'ai dit qu'avec Michaux commençait la véritable mort de Hölderlin. Cela est juste si l'on s'en tient à la figure du poète, au sens manifeste d'un privilège, mais ne l'est plus si l'on prête attention au mouvement des textes et à l'allure du langage. Car si Hölderlin inaugure un temps nouveau et avec lui le mythe moderne du poète, il est le seul poète peut-être dont l'exemple doive être à chaque instant présent à qui veut tenter avec une raison renouvelée une nomination de la

mesure humaine. Hölderlin ne parle pas au nom
d'un véritable privilège, il n'instaure jamais un
ordre du défi, mais assume une vocation logique.
Il y a un naturel tragique de la parole hölder-
linienne dont la leçon demeure sans défaut. C'est
un langage exact de la pensée, et l'harmonie
constante d'une simplicité rêveuse. L'homme,
écrit Hölderlin, n'a besoin devant Dieu ni
d'armes ni de ruses, « la simplicité le protège ».
Les poètes ont perdu l'évidence, ils ont ourdi des
ruses de langage. Il faut être grand pour appor-
ter du neuf. Mais il faut l'être étrangement pour
demeurer en arrière et continuer à être lu avec
passion par ceux qui mettent en doute une œuvre
au nom de la modernité. C'est la raison, je crois,
qui rend en ces années les grands poètes aussi
rares, et qui en fait tellement de petits. « Les
poètes mentent trop », disait Nietzsche, on dirait
un présage sur les poètes d'aujourd'hui. Ils ont
eu besoin de trop d'armes pour ne pas perdre un
peu de visibilité sur l'être. C'est pourquoi par-
delà plus de deux siècles, la poésie de Hölderlin,
ce message élémentaire où l'homme se mesure en
sa totalité, cette parole philosophique, juste et
belle, où refluent les instants de l'expérience
quotidienne, peut posséder un tel enseignement
et provoquer une émotion si forte. Elle est une
des aubes de l'harmonie possibles, et désigne,
dans son dialogue avec une Divinité aujourd'hui
abolie, ce qu'est pour l'homme une plus ou
moins heureuse habitation par le langage.

Il ne fait pas de doute qu'il n'y ait pour
l'homme une harmonie à reformer. Elle naîtra
de ce qui la précède, mais devra se montrer
étrangement nouvelle. On ne sait presque rien
de cette aurore, si même elle aura lieu. On ne

tient plus vraiment à l'ordre ancien, l'ordre nouveau n'est pas encore. On est dans l'entre-deux.
On vit dans l'impatience des métamorphoses.

Quand le philosophe, cette autre figure de
l'expression et de la pensée, en vient à déposer
une part de ses privilèges, quelle illusion cela
semble que le poète veuille conserver les siens.
Il est devenu impossible de parler d'un poète
comme Blanchot le fit de Hölderlin. C'est ce
qu'on fait pourtant. Je m'étonne un peu que
Blanchot qui nous a tant appris, en qui s'incarne
un tragique de la modernité, demeure en retrait
sur ce point. On le pressent au ton de la louange
dont il honore Char, on le devine surtout à l'in-
compréhension qu'il montre envers Michaux [86].
Alors, à de tels signes, je me demande si Michaux
n'a pas sur son temps une plus grande avance
encore qu'on n'incline à le croire. Aujourd'hui
où l'on sait mieux que jamais ce qu'est le langage, quand les efforts conjugués de tous les prosateurs et de tous les poètes ont ouvert la voie
à une langue commune aux accents innombrables, et que des œuvres de plus en plus nombreuses sont là pour l'attester, on comprend mal
ces rages et ces nostalgies de la séparation. Une
page de Joyce est aussi riche d'images qu'une
page de Ponge. Si l'on y songe, comment continuer d'appeler l'une prose et l'autre poésie ? La
distinction n'est que formelle : *Le Parti Pris des
Choses* est un ensemble de textes brefs, *Ulysse*,
un roman. *Mobile* est-il alors un poème ? et que
dire du *Roman inachevé* dont le titre déjà est
plein d'ambiguïté ? On pourrait poursuivre le
paradoxe à l'infini. Les sens différents du mot
poésie interfèrent et se contredisent sans cesse.
Les formes intimes du langage, les conventions

des genres, les croyances les plus vivaces organisent un étonnant réseau de fausses évidences,
de raisons cachées, de certitudes violentes et tran-
quilles. On ne sait plus que dire.

Que deviennent alors les mots de prose et de
poésie, et comment s'en servir ? Comment savoir
ce qui les unit ou les sépare ? On ne fait pas le
vocabulaire, on le critique seulement, c'est ainsi
que parfois il se fait. On ne joue pas avec des
mots qui ont acquis un poids, une existence,
des horizons brouillés de sens et des complicités
secrètes, comme avec des billes. Mais il faut faire
éclater les contradictions. Aujourd'hui les mots
flottent, ils recouvrent mal la pensée qu'ils prétendent servir. On en vient à toutes les incertitudes. Voici par exemple un dialogue avec Nathalie Sarraute :

« — Considérez-vous que votre œuvre est une
œuvre poétique ?

— Il faudrait d'abord savoir ce qu'on appelle
une œuvre poétique. Pour moi la poésie dans une
œuvre, c'est ce qui fait apparaître l'invisible.
Plus fort sera l'élan qui permet de percer les
apparences — et parmi ces apparences je compte
ce qu'il est convenu de considérer comme « poétique » — plus grande sera dans l'œuvre la part
de la poésie.

Vous me demandez si je pense que mes propres
livres sont poétiques. Etant donné ce qu'est à
mes yeux la poésie, comment voulez-vous que
je croie qu'ils ne le sont pas. Ce serait croire
que je ne rends visible aucune parcelle du monde
invisible [87]. »

Ce dévoilement de l'invisible qu'on peut appeler plus simplement le bonheur du langage,
quand dans les mots se noue une harmonie

comme sur la toile se prend une couleur, quand
un monde surgit, insoupçonné, aux frontières du
silence et que la vie des signes devient sa propre
image, je ne vois pas de langage véritable, prose
ou poésie, qui ne le dispense plus ou moins. La
poésie comme qualité est toujours extensive à la
poésie comme genre ou nature, même si elle
n'échappe pas aux formes de leurs singularités
respectives. Les rapports sont médiats et jamais
contraignants. Elle joue en elles, comme elle joue
partout, elle est une aube et un printemps de la
parole. Il n'y a qu'un langage, la réflexion théorique le montre aussi bien que l'analyse d'une
œuvre. L'écrivain entretient envers ce qu'il écrit
des rapports multiples, il reconnaît en lui des
voix diverses. Le critique en aperçoit d'autres,
restées insoupçonnées. La littérature cherche toujours à se comprendre, des catégories naissent,
c'est sans doute un mal nécessaire. Mais quand
les mots jouent sur les mots, qu'ils se cherchent
et s'excluent, entraînant avec eux ce qu'ils prétendent désigner, il n'y a plus de limite et que
la confusion. Comment accepter par exemple
Leiris et Gracq comme des prosateurs, Char et
Michaux comme des poètes ? Pour l'œuvre de
Michaux, si on me demandait de lui donner un
nom, j'emploierais volontiers le mot d'essai au
sens admirable que lui donne Musil : « forme
unique et inaltérable qu'une pensée décisive fait
prendre à la vie intérieure d'un homme [88] », qui
suppose à la fois l'entière liberté du langage et la
rigueur de la conscience critique. Mais je sens la
difficulté que soulève le mot, pris comme il est
dans une gangue de significations anciennes,
déroutant pour certains, presque trompeur pour
d'autres.

L'essentiel n'est pas de se battre sur des mots, mais de montrer comment dans le passage d'un temps à un autre, il arrive que la réalité et le vocabulaire n'évoluent pas de la même manière. Les mots de prose et de poésie, soit qu'on donne à l'un plus de privilèges, soit qu'on en ôte à l'autre, soit qu'un jour enfin on les tienne pour frères, nul ne sait ce qui peut en advenir. Il est certain aussi qu'on ne doit pas continuer à comprendre d'une façon semblable des œuvres qui ne délivrent pas une même mesure de l'être, et qu'il est impossible surtout, au nom d'une fausse identité, de leur prêter une même intention.

Que l'œuvre d'un écrivain de ce temps permette un tel débat, cela est admirable, et qu'elle déconcerte, plus encore. Henri Michaux ou la belle équivoque. Un homme parle et à sa parole il est difficile d'assigner un titre. La littérature rend les armes. Ce n'est évidemment que pour en saisir d'autres, car jamais l'écrivain ne s'avance sans masque, mais dans ce mouvement, c'est peut-être une libération qui s'esquisse, une nouvelle euphorie du langage qui prend forme, et entre l'homme et l'homme un dialogue plus étroit qui se noue.

LA QUESTION DU POÈTE :
SUPPLÉMENT

Préambule

Le critique ne peut s'empêcher de chercher des points de repères. C'est même son premier devoir, et le plus agréable. Que répond-il au nom de Michaux ?

Le critique définit la couleur des idées, leur histoire et leur réalité. C'est son objet essentiel. Que pense-t-il de ce nouveau poète ?

1. *Références*

René Bertelé, qui le premier consacra un ouvrage à Michaux et montra de son œuvre une compréhension intime, soutient que le jeu des analogies et les rapprochements hasardeux ne sont pas d'une grande valeur [1]. On comprend sa réserve. Pourtant, les noms et les titres qui sont venus à l'esprit des commentateurs ne sont pas sans enseignement.

Inutile de s'attarder sur Kafka. Chacun en fut de son mot, avec plus ou moins de légèreté, de

maladresse et d'exactitude. Michaux lui-même,
qui n'aime guère à parler d'autrui, a dit : *Il est
un de ceux qu'on remercie l'espèce humaine
d'avoir fait naître. Sans lui, il manquerait
quelque chose de capital à l'humanité* [a].

C'est Musil, Pirandello, Svevo qu'il faut à Alain
Bosquet pour situer l'aventure intellectuelle de
Michaux, et Bierce pour qualifier son humour [2],
c'est à Maurice Saillet une définition de l'humour
empruntée aux Anglais, et le Doyen de Saint-
Patrick, Esope, le Yogi, La Rochefoucauld,
Timon l'Athénien [3]. Martin Roux fait appel, lui,
à Swift, Caroll et Bosch [4], cependant que Gaëtan
Picon parle de Montesquieu et de Voltaire [5].
Richard Ellmann, s'il cite Baudelaire, Lautréa-
mont ou Rimbaud, quant à la valeur, évoque
Hogarth, Thurber, Swift, Voltaire et Rabelais
pour la tonalité générale [6]. Claude Roy, le seul
qui pratique la négative, parle d'anti-Eluard [7].
Henri-Pierre Roché écrit : « A toute première
vue, Henri Michaux continuait pour moi, Rabelais, Baudelaire, Edgar Poe et Erik Satie [8] », et
Gide, dans un entrelacs de références, mêle Rabelais, Swift, Butler et les Aventures de Sindbad le
Marin [9]. Aimé Patri dit Swift et Voltaire [10], Yvon
Belaval invoque le conte philosophique du xviii[e]
siècle dans son ensemble [11] ; Claude-Edmonde
Magny, Sartre et Camus [12]. « Plume au restaurant, Plume en voyage, Plume marié, c'est Charlot soldat, c'est Candide chez les Bulgares »
écrit Pierre Brodin [13], tandis que Léon-Gabriel
Gros en vient aussi à Rabelais et au conte philosophique [14]. Gaston Bounoure, dans son si beau
texte, après avoir comparé Michaux au prince

a. Robert Bréchon, *op. cit.*, p. 208.

Vogelfrei de l'appendice à la *Gaie Science*, appelle un dialogue entre Kafka et Goya pour « ce disciple de M. de Voltaire », celui qui « refait le voyage de Dante Alighieri », et qui a quelque chose aussi de Maître Eckart et du Yogi [15]. Quant à Alain Jouffroy, s'il parle lui aussi de l'auteur de *La Divine Comédie*, lui adjoignant Blake et le Hugo de *La Fin de Satan*, c'est plus pour nommer une parenté de situation que de condition, ce pourquoi il ne manque pas de faire appel à Kafka [16]. Enfin, Bachelard, pour évoquer « la volonté incisive et les rêveries de la volonté », met en parallèle une phrase de Jacob Boehme et une de Michaux [17].

Rien n'est bien différent chez les auteurs qui ont consacré un ouvrage entier à Michaux. Bertelé avance prudemment que « son univers est celui de Kafka revu et corrigé par Swift et Voltaire [18] », Philippe de Coulon nomme Swift [19]. Quant à Robert Bréchon, plus audacieux, il oppose Michaux à Char et Mallarmé pour la poésie, l'apparente à Valéry et Proust pour l'intelligence, pour finir par parler de « cet écrivain en qui on pourrait voir à la fois notre Baudelaire et notre Voltaire, notre Pascal et notre Montaigne [20] ».

Ces noms épars convergent vers un seul point : ils définissent un horizon qui compte fort peu de poètes.

L'œuvre de Michaux invite le plus souvent à situer son auteur par rapport à l'essence du poète : on constate alors d'étranges hésitations et certaines divergences.

Il y a ceux pour qui la chose ne fait pas problème. On parle de Michaux comme on ferait d'un autre. Ainsi certains critiques anglais ou américains [21]. Ainsi Jean Fretet qui intitule son article « Saint-Michaux » et parle des pouvoirs du poète dans un texte au reste absolument stupide [22], ou Benoît Braun, dans un autre qui ne vaut pas mieux, qui parle de Michaux comme on n'ose pas le faire de Musset : « Les poètes comme les fantômes n'aiment pas la lumière [23]. » Ainsi Henri Thomas qui, s'inspirant de ce que Michaux déclara une fois de Lautréamont dans *Le Disque vert*, affirme qu'il n'existe pas de cas Michaux et ajoute : « On ne peut contester que Michaux soit poète — autrement dit qu'il aime les mots et se serve d'eux [24] —. » Quant à Rolland de Renéville, dans plusieurs textes parfois assez justes et d'une grande sensibilité [25], il parle de Michaux comme dans *L'Expérience poétique* de Novalis ou Mallarmé, évoquant « le poète magicien », « l'idéalisme magique », « l'assurance de la destinée prométhéenne du poète », « la méthode incantatoire » et la « Parole ». On reste confondu, quand surtout on sait les rapports que furent ceux de Renéville et de Michaux lorsqu'ils s'occupaient ensemble de la revue *Hermès*, qu'aussi assidûment on puisse user d'un tel langage pour parler de l'auteur de *Plume*.

Ils sont plus nombreux, il faut le reconnaître, ceux qui, à l'exemple de Bertelé, voient dans Michaux « un poète qui se situe mal [26] ». Certains se contentent d'une telle affirmation, comme Jacques Neuris qui commence ainsi un article : « Henri Michaux, où qu'il soit et quoi qu'il fasse, est un perpétuel inclassable [27] ». Jean de Boschère est déjà plus précis quand il parle de « grondements d'outre-littérature », d' « une prospection entièrement différente dans son sens, dans son outillage, dans son vocabulaire », finissant par dire lui aussi : « Depuis les premiers poèmes, nous savons qu'il est sans ancêtres, ni frères, sans complices ni acolytes [28]. » C'est la diversité de l'œuvre qui occupe Yvon Belaval : « Psychanalyse, ethnologie, physique, danse, cinéma, peinture, tout nourrit cette poésie qui contraint à parler de tout lorsqu'on en veut comprendre les techniques [29]. »

D'autres vont plus loin, et opposent déjà une première contestation à la notion couramment reçue de la poésie, en invoquant souvent des raisons stylistiques. Pierre Brodin écrit ainsi : « Poète anti-poète, il refuse l'entraînement lyrique, arrête toujours son élan. Sa poésie est bâtie sur le rythme d'une voix qui parle avec une monotonie accentuée peu à peu par l'angoisse et l'effroi [30]. » Claude-Edmonde Magny parle d'un style « apoétique » ou « humain, trop humain [31] », cependant qu'Emile Simon s'interroge : « A peine d'ailleurs si l'on peut donner le nom de poésie à cette sécrétion âcre et amère d'un esprit halluciné, pareille à l'écoulement d'un fleuve noir où glisseraient à contresens les reflets d'un paysage fantastique [32]. »

Gaëtan Picon, s'il évite pour finir d'aborder le problème de front, ne l'éclaire pas moins sous son vrai jour : « La poésie de Michaux est le singulier exemple d'une poésie sans réconciliation et sans mythe, d'une poésie qui reste d'un bout à l'autre sur le terrain de l'accusation : celui de la vérité. Ici, l'imagination est une révélation ; la fable, le symbole d'une réalité ; la voix *un cri*, non pas un chant. La poésie de Michaux est expression : *lucidité* [33]. » Et il ajoute : « Est-elle poésie ? La question est inévitable. » Quant à Jean Onimus, il proclame : « Poètes de la détresse, comment feraient-ils des vers ? Ce qu'ils écrivent évoque les traces noires, les morceaux de métal fondu qu'abandonne sur son passage une déflagration électrique : le câble a été anéanti qui transportait une telle tension. Seuls des mots éperdus laissent deviner ce qui s'est passé [34]. »

Il y a là ceci d'intéressant que la « différence » est rapportée à l'époque. Alain Clément note ainsi que le lyrisme de Michaux n'a rien de commun avec celui de ses contemporains [35]. Et Léon-Gabriel Gros, à l'issue de très bonnes analyses, en vient à écrire : « Il nous plaît plutôt de penser que Michaux sera moins tenu pour un poète, — car un poète ne se conçoit pas sans message d'espoir — que pour le *témoin à charge* de notre époque [36]. Il faut remarquer comment pour n'attenter en rien à l'idée qu'il se fait du poète, L.-G. Gros dénie pour une part à Michaux ce titre, alors qu'au contraire, Gaston Bounoure, inversant en quelque sorte la proposition, écrit : « Certains ont douté que cet esprit coupant ait apporté une œuvre poétique ; ils estiment que dans ces livres d'amertume et d'opposition à la vie, l'intérêt expérimental l'emporte sur la valeur de beauté. C'est ne point voir que la conscience de l'homme moderne s'est constituée de nouveaux modes de sentir en rapport avec les nouveaux modes de savoir [37]. » C'est Aimé Patri qui un des premiers pose la question radicale : « Bien qu'on ait coutume de parler du « poète » Henri Michaux, il est légitime de se demander, en présence des écrits de l'auteur de *Plume*, et sans que cette interrogation présente la moindre intention péjorative, si c'est bien là de la « poésie » dans le sens où la poésie reste malgré tout un genre littéraire. » Et, après avoir parlé d'antipoésie, il commente ainsi ces premières affirmations où il faut voir l'amorce d'une véritable mutation : « Si l'on voulait chercher des formules plus adoucies et d'apparence moins défavorables, on parlerait de « métapoésie », dans le sens où l'on distingue la métaphysique de la physique. Cela signifierait d'abord que la « poésie » de Michaux, conformément aux intentions de l'auteur, est toujours dans un « au-delà » de ses poèmes, qu'il s'agit plus de procès-verbaux d'expériences non verbales plutôt que de signes promus au rang de choses[38]. »

Il peut paraître étrange que ce ne soient pas les auteurs qui ont consacré à Michaux une plus large réflexion qui aient abouti à de telles conclusions. La cause en est-elle la retenue si naturelle que suscite parfois la trop grande familiarité avec une œuvre, ou un manque d'audace ? Je ne pense pas tellement à Philippe de Coulon — son propos déterminé lui enjoignait de ne pas ouvrir d'autre discussion (encore parle-t-il de « prosaïsmes aux deux sens du mot ») devant de nombreux textes[39] — qu'à René Bertelé. Son essai illustre bien les incertitudes que suscite l'œuvre de Michaux : il situe très justement la déroutante diversité des écrits, la suspicion qu'ils manifestent envers les genres littéraires, enfin ce qu'ils possèdent d'irréductible. Mais il y a un seuil que Bertelé ne franchit pas : ses analyses sur la condition luciférienne du poète, « le crime de poésie[40] », restent conventionnelles. Il est vrai qu'il était difficile en 1946 et dans une première introduction, de remettre en question des catégories, comme il l'esquissera dans la très juste postface de 1949 : « Cette poésie — et de

plus en plus le mot paraît impropre au pathétique journal de bord qui se poursuit depuis
vingt ans [41]. » Bertelé a écrit depuis une seconde
postface, datée 1962. C'est le texte le plus intuitif
et le plus exact sans doute qu'on ait écrit sur
Michaux : l'auteur fait preuve de cette familiarité
sensible de l'intelligence qui rend parfois la critique si touchante et si vraie. Il continue pourtant, et avec insistance, à parler de poésie et de
poète sans ouvrir la véritable discussion [42]. Quant
à Robert Bréchon, si son remarquable travail de
dépouillement, ses notations éparses, certaines de
ses conclusions, son vocabulaire même, « anti-
lyrisme » par exemple, ses références à Max
Bense qui situe Michaux « par la forme comme
par le fond, entre l'épopée et la philosophie »,
bref si tout ce dont son livre est plein révèle une
intime compréhension de l'homme et de l'œuvre
et apporte tous les matériaux propres à susciter
la question de la poésie, il se garde bien quant
à lui de le faire, et quand il dit si justement que
« cette œuvre tend à proposer une nouvelle
mesure de l'homme », il ne la confronte ni à la
littérature ni à la poésie [43]. Sans doute était-ce
pour ne pas faire autre chose de la décrire.

Il s'est trouvé quelqu'un cependant pour oser
une contestation absolue. Pour aller jusqu'à dire
que Michaux n'est pas poète. Car si Michaux est
poète, dit Jean Maquet, c'est que la notion même
de poésie est allée s'élargissant jusqu'à se défaire.
Ce que Jean Maquet dit de l'image, l'opposition
qu'il fait de Breton et de Michaux, la nécessité
qui le conduit à parler des poètes-poètes, tout
cela constitue le premier effort théorique pour
marquer une différence fondamentale. Il est
essentiel d'avoir écrit : « Toute la question pour-

rait consister en ceci : ne faut-il voir en Michaux
qu'un poète « original », poète de « propriétés
privées », qu'un grand poète même, ou bien
faut-il aller jusqu'à voir en lui le poète lui-
même, entendons le poète tel que notre siècle l'a
laissé, tout nerfs mais exsangue, se survivre [44]. »

NOTES

1. Robert Musil, *L'Homme sans qualités*, Seuil, 1961, vol. I, pp. 68-69.
2. Maurice Blanchot, *L'Espace littéraire*, Gallimard, 1955, pp. 289-290.
3. *Ecuador*, pp. 78-79. René Bertelé rapporte à ce propos une opinion de Michaux sur ses premières admirations : « Ils n'étaient pas précisément ce qu'on appelle des poètes » (p. 26).
4. « Tu t'en vas sans moi, ma vie.
   Tu roules,
   Et moi j'attends encore de faire un pas.
   Tu portes ailleurs la bataille.
   Tu me désertes ainsi. »
   (*La Nuit remue*, p. 92.)
5. On peut citer en exemple :
   — Chaînes (*Plume*, pp. 177-196, pièce en un acte, presque didactique, sur les rapports de maître et d'esclave dans la relation entre parents et enfants.
   « Je suis retenu.
   — Par quoi ?
   — Par ça.
   — Quoi ça ?
   — C'est la volonté de mon père. Il m'attache par deux cordes. »
   — *La Séance de sac* (*La Vie dans les plis*, pp. 9-11.)
   « Cela commença quand j'étais enfant. Il y avait un grand adulte encombrant.

« Comment me venger de lui ? Je le mis dans un sac. Là je pouvais le battre à mon aise. Il criait, mais je ne l'écoutais pas. Il n'était pas intéressant.

« Cette habitude de mon enfance, je l'ai sagement gardée. Les possibilités d'intervention qu'on acquiert en devenant adulte, outre qu'elles ne vont pas loin, je m'en méfiais. »

— « M'écoutant, le fils arrache les testicules du Père. »

(*Epreuves, Exorcismes*, p. 22).

— *Rentrer* (*Plume*, p. 23.)

— *Le Portrait de A.* (*Plume*, pp. 107-117) est à cet égard le texte le plus extraordinaire. Il pourrait s'appeler : histoire d'une enfance, ou : de la vie d'enfance à la vie d'adulte.

— La postface de *Plume*. « J'ai plus d'une fois senti en moi des « passages » de mon père. Aussitôt, je me cabrais. J'ai vécu contre mon père (et contre ma mère et contre mon grand-père, mes arrière-grands-parents) ; faute de les connaître, je n'ai pu lutter contre de plus lointains aïeux. »

6. Ce dont témoignent déjà deux essais de jeunesse, *Les Rêves et la jambe* et *Réflexions qui ne sont pas étrangères à Freud* (*Cas de folie circulaire*).

7. Il est intéressant de remarquer, par exemple, comment certains aspects essentiels de cette œuvre rencontrent un écho rigoureux dans un cours professé il y a quelques années au Collège de France par Merleau-Ponty, où il traite de l'évolution de l'enfant jusqu'à l'âge de trois ans : *Les relations avec autrui chez l'enfant* (Centre de documentation universitaire). Merleau-Ponty analyse tous les processus d'identification, de dédoublement, de contamination, de séparation qui, aussi bien dans le langage que la perception ou le mouvement, assurent la constitution première de l'être. Il consacre par exemple de longues pages à la question du miroir et dit : « Ce que l'on voit reparaître dans les cas pathologiques serait comparable à la conscience originaire que l'enfant aurait de son propre corps dans le miroir » (p. 35). Il insiste longuement sur les rapports que présentent les troubles de l'affectivité chez l'adulte et les conduites

indispensables à la formation de l'enfant, et sur les phénomènes de blocage et de régression qui les rendent souvent étrangement communs. Ce qu'il dit de la conscience locative, du narcissisme, des rapports de l'émotion et des doubles, de la voix, de l'identité des conduites dans la non-identité des situations, du vocabulaire (par exemple l'absence du je et l'usage fréquent de l'infinitif), de l'intercorporéité, de la reconnaissance distincte de son corps, en bref toutes les descriptions que fait Merleau-Ponty des structures enfantines, comment ne pas y voir, sous la forme d'une réflexion scientifique et abstraite, la même matière que l'œuvre de Michaux présente par des fictions et des descriptions, par des allusions et des fragments d'analyse. Ce que Merleau-Ponty affirme directement, Michaux le révèle sur le mode particulier qu'autorise l'autoconnaissance d'un langage libérateur et créateur à la fois.

8. Robert Bréchon a fait dans son livre un très sérieux travail de cet ordre. Toute étude plus approfondie lui devra une part de ses résultats. Il a écrit le premier véritable « parcours d'Henri Michaux » (ainsi s'intitulait un article antérieur, *Critique*, n° 125, octobre 1957). Ses remarques ouvrent également sur des perspectives thématiques et parfois même linguistiques qui sont du plus grand intérêt.

9. *Un Barbare en Asie*, p. 194 ; *La Nuit remue*, p. 160 ; *Plume*, p. 50. J'ai toujours pensé au poème de Blake, *The Tiger*, que Michaux, grand amateur de textes religieux et mystiques, connaît certainement.

10. « C'était à l'arrivée, entre centre et absence, à l'Euréka, dans le nid de bulles... » (*Plume*, p. 37.)
    « Le rêve de vie complète
                        muette
    s'accomplit dans les gouttes
                    sphères
    repoussant des sphères. »
    (*Lecture de 8 lithographies de Zao-Wou-Ki.*)
    « Chaque être doit rester dans sa bulle et la bulle reste dans le pays des bulles ; et de celles qui n'y restent pas, il sera médit à juste titre. » (*Qui je fus*, p. 47.)

« Dieu est boule. Dieu est. Il est naturel. Il doit
être. La perfection est. » (*Plume*, p. 110.)

11. Michaux suggère très bien comment toute intersubjectivité s'édifie à partir du corps. On le voit dans
un texte particulièrement significatif qui date de
1924, intitulé *Amour*. (*Fable des origines*, p. 39.)

« Si tu m'aimes, que me donnes-tu ? »
Il lui donne son cheval rapide.
« Si tu m'aimes, que me donnes-tu ? »
Il lui donne sa maison.
Puis il donne toutes ses richesses, et toujours,
elle n'aime pas.
Alors, il prend sa hache, de la main droite,
avance le bras ; sa main gauche, il se la coupe au
poignet, il la met à part et la lui donne.
« Prends-moi, dit-il, dans les bras, maintenant
que je ne puis même plus t'aimer sans ton aide. »
Aussitôt elle l'aime.
Mais, bientôt, vient le sang, le désespoir et le
fleuve qui les boit dans un seul remous. »

12. Merleau-Ponty le montre dans *Les Relations avec
autrui chez l'enfant, op. cit.*, apportant ainsi un
complément aux chapitres de *La Phénoménologie
de la perception* où, pour analyser la constitution
et « la synthèse du corps propre », il accordait
moins de place au rapport avec autrui dans l'enfance.

13. Il faudrait citer Michaux par pages entières pour
bien faire comprendre à quel point tout ce qu'on
peut dire de lui figure déjà dans son œuvre. Ainsi
une description où il situe parfaitement le rôle du
visage dans le rapport de l'être à lui-même et à
autrui. (*Passages*, pp. 147-148.)

« Je connais si peu mon visage que si l'on m'en
montrait un du même genre je n'en saurais dire la
différence (sauf peut-être depuis que je fais mon
étude des visages).

« Plus d'une fois, à un coin de rue rencontrant
une glace à un magasin, qui veut vous faire cette
surprise, je prends pour moi le premier venu,
pourvu qu'il ait le même imperméable ou le même
chapeau, je sens pourtant un certain malaise, jusqu'à ce que passant à mon tour dans le reflet de la
glace, je fasse, un peu gêné, la rectification.

« Mais le visage est un peu plus loin reperdu. J'ai cessé depuis vingt ans de me tenir sous mes traits. Je n'habite plus ces lieux. C'est pourquoi je regarde facilement un visage comme si c'était le mien. Je l'adopte. Je m'y repose.

« Aussi, lorsqu'à un arrêt de métro, car cela m'arrive surtout là, le visage contemplé (ou, dois-je dire, accepté), s'en va avec le corps, je me sens plus que triste : *dépossédé* et sans visage. Il vient de m'être arraché. Si ce n'était qu'amour ! C'est ma figure qu'on m'a prise. Où vais-je maintenant en trouver une, de la journée ? Elle (si c'est une femme) est partie sur un parfait **quiproquo.** »

14. Il écrit par exemple :

« Je vois là-bas un être sans tête qui grimpe à une perche sans fin. » (*Epreuves, Exorcismes,* p. 103.)

« Nous étions ainsi, un soir, soixante-dix fœtus qui causions de ventre à ventre, je ne sais trop par quel mode, à distance. » (*Cas de folie circulaire,* p. 44.)

15. *Passages*, p. 104. J'emprunte cette référence au texte *En pensant au phénomène de la peinture.* On peut se demander pourquoi je n'ai presque jamais fait appel jusqu'ici aux textes sur la peinture, à la peinture elle-même, aux textes sur la drogue surtout qui sont tous d'une importance extrême. La première raison est que j'ai préféré considérer en eux-mêmes ces univers particuliers que sont la drogue et la peinture, pour éviter tout contresens. La seconde est que l'abondance et la diversité du reste de l'œuvre permettaient aisément de se passer de références dont l'origine aurait réclamé des précisions qui auraient encombré les analyses.

16. *Passages*, p. 221. Avec sa lucidité coutumière, Michaux donne pour horizon à cette vie de la métamorphose les années de l'enfance. Il écrit ainsi : « Dans mes rêveries d'enfant, jamais, si je me souviens bien, je ne fus prince et pas souvent conquérant, mais j'étais extraordinaire en mouvement. Un véritable prodige en mouvements. Protée par les mouvements. » (*Passages*, p. 200.)

17. La postface de *Plume* est un texte d'une importance capitale. Il s'y résume en quelques pages le sens

extraordinaire de la contingence que l'œuvre partout révèle, et on devra s'y reporter dès qu'on veut aborder chez Michaux la question de l'identité.

18. Ces exemples sont empruntés à *La Nuit remue* (pp. 105, 113, 119). L'ensemble de ce recueil est à cet égard étonnant ; les débuts de textes surtout, possèdent un ton inouï de familiarité. « *Il* est vraiment étrange que, moi qui me moque du patinage comme je ne sais quoi, à peine je ferme les yeux, je vois une immense patinoire. » (p. 201.) « Il est bien difficile de dormir » (p. 107). La première phrase, fameuse, de *Mes Propriétés*, joue sur un registre semblable : « Dans mes propriétés tout est plat, rien ne bouge » (p.121). Au reste *La Nuit remue* n'a rien d'unique : les autres livres, plus ou moins, possèdent tous le même caractère.

19. Certains je, fort rares au demeurant, affirment cependant une particulière originalité : deux textes consécutifs (*Toujours se débattant* et *Morte-Moronne*, *Face aux verrous*, pp. 227-235) font apparaître un je féminin.

20. Il arrive pourtant qu'il soit le principal instrument d'un récit. Par exemple *La Nuit remue*, p. 32, *La Vie dans les plis*, p. 55, *Ecuador*, pp. 166-167.

21. Bernard Pingaud fait ainsi une analyse très précise des rapports du je, du il et du vous dans la narration romanesque, pour situer sous son vrai jour le problème que soulève le vous de *La Modification*. « Je, vous, il », *Esprit*, novembre 1958.

22. On a souvent comparé Michaux et Kafka. Il y aurait beaucoup à dire. On peut voir dans les personnages de A. et de K. des façons à la fois proches et divergentes de jouer de la distance entre soi et un personnage.

Kafka prend la première lettre de son nom, s'identifie donc au départ, mais construit un personnage qui se tient à une distance réelle de lui.

Michaux décide une altérité de principe, réduit le personnage à son expression la plus simple, une lettre, la première de l'alphabet, et construit un personnage qui demeure extrêmement proche de lui.

23. Quatorze si l'on s'en tient aux textes rassemblés dans *Plume précédé de Lointain Intérieur*, quinze

si l'on compte *Tu vas être père* (*d'un certain Plume*), texte peu connu, à tirage extrêmement limité, et précédé de la mention « On les vend sous cape à Paris ».

24. Il serait utile d'étudier de manière très précise ce rapport entre les pronoms personnels et les adverbes de lieu dont l'œuvre de Michaux offre d'innombrables exemples. On parviendrait ainsi à mieux comprendre la nature des relations intersubjectives. Il faudrait tenir compte des précieuses remarques de Heidegger sur le sujet (on peut se reporter également à ses analyses pour mieux comprendre la nature du on, dont on verra chez Michaux l'importance). On excusera une référence aussi longue : elle montre comment Michaux décrit toujours les catégories de l'être, dans son langage particulier, mais avec une rigueur qui étonne sans cesse.

« W. v. Humboldt a attiré l'attention sur les langues qui expriment le « moi » par l' « ici », le « toi » par le « là », le « il » par le « là-bas » ; donc — en termes de grammaire — les langues qui rendent les pronoms personnels par des adverbes de lieu. On n'a pas tranché la question de savoir si la signification primordiale des expressions désignant le lieu est adverbiale ou pronominale. La discussion perd son objet si l'on considère que les adverbes de lieu se rapportent au moi en tant qu'être-là. L' « ici », le « là », le « là-bas » ne sont pas en premier lieu de pures déterminations locales d'un étant subsistant qui serait à trouver en certains lieux déterminés du monde : ce sont des caractères de la spatialité originelle de l'être-là. Ce que l'on prend pour des adverbes de lieu sont des déterminants de l'être-là dont le sens originel n'est pas catégorial mais existential. Ce ne sont pourtant pas davantage des pronoms ; leur signification est antérieure à la distinction des adverbes de lieu et des pronoms personnels. La signification existentiale de ces expressions visant l'espace nous apprend qu'une explicitation de l'être-là, antérieure à toute déviation théorique, conçoit immédiatement l'être-là comme un être spatial, c'est-à-dire un être qui se trouve par l'é-loignement et l'orientation « auprès » du monde dont il se préoccupe. En parlant d' « ici » l'être-là, pris par le monde, ne se tourne pas vers soi mais se détourne de soi pour se diriger vers le « là-bas » d'un étant disponible offert à sa prévoyance ; ce faisant, il se vise pourtant *soi-même* dans sa spatialité existentiale. » (*L'Etre et le Temps*, Gallimard, 1964, pp. 150-151.)

25. C'est pourquoi il semble inexact d'écrire comme Robert Bréchon qui situe pourtant si bien le problème d'être : « Il ne faut cependant pas oublier que nous avons affaire à une œuvre poétique. La prendre constamment à la lettre en croyant qu'elle révèle l'homme Michaux conduirait à un malentendu » (p. 37). L'œuvre de Michaux n'admet pas cette séparation, non plus qu'aucune autre. Sa grandeur vient sans doute de ce qu'elle récuse explicitement les catégories habituelles. Là est aussi sa plus grande difficulté car elle demande que les catégories critiques s'amendent de même manière.

26. Un texte déjà dans *La Nuit remue* (p. 141) portait ce titre. Michaux y dit comment faire apparaître une grenouille vivante : « je me mets mentalement à peindre un tableau. J'esquisse les rives d'un ruisseau en choisissant bien mes verts, puis *j'attends* le ruisseau. Après quelque temps, je plonge une baguette au-delà de la rive ; si elle se mouille, je suis tranquille, il n'y a plus qu'à patienter un peu, bientôt apparaîtront les grenouilles sautant et plongeant ». L'imaginaire est décrit comme réel, mais sans équivoque, il a été désigné comme imaginaire.

27. Ce que Michaux suggère quand il écrit : « La phrase est le passage d'un point de pensée à un autre point de pensée. Le passage est pris dans un manchon pensant. Ce manchon de l'écrivain n'étant pas connu, celui-ci est jugé sur ses passages ». (*Ecuador*, p. 43.)

28. Il serait intéressant, pour l'ensemble de ce qui touche aux verbes, de montrer dans le détail comment l'œuvre de Michaux use de toutes les formes que Marcel Cressot commente dans un chapitre de son ouvrage, *Le style et ses techniques*,

(P.U.F., 1959), « Etats et constructions verbales ».)
L'analyse précise des modes serait surtout d'une
extrême importance pour situer par l'emploi de la
langue les rapports du réel et de l'imaginaire.
Une telle étude qui demanderait de s'intéresser
aux sens, formes et aspects, déborde évidemment
le cadre de ce travail, mais révélerait la distance
qui sépare Michaux de la majorité des poètes
modernes sur un point essentiel : l'utilisation des
principales constructions verbales dans la phrase.

29. On rencontre ainsi des preuves innombrables d'un
langage d'une très grande familiarité :

« Cette dent de devant cariée me poussait ses
aiguilles très haut dans sa racine, presque sous le
nez. Sale sensation. » (*Plume*, p. 11.)

« Si la méchanceté est le mobile, gare au coup de
frein (voir chapitre du coup de frein). » (*Ailleurs*,
p. 166.)

« Ah ! cette nuit. » (*La Nuit remue*, p. 173.)

30. « dans », « qu'il repose en révolte » (*La Vie dans
les plis*, pp. 116-118).

« si » (*Vents et Poussières*, p. 55).

« Et c'est toujours » (*La Vie dans les plis*,
pp. 119-120).

31. J'emprunte, comme le fait Bréchon, cette expression déjà presque classique à René Bertelé.

32. Ainsi *Mon Sang, Sur le chemin de la mort* (*Plume*,
pp. 84 et 86) ou *Chaque jour plus exangue, Ma Vie*
(*La Nuit remue*, pp. 183 et 92).

33. Ainsi *Vers la sérénité* (deux textes différents se
nomment ainsi : *La Nuit remue*, pp. 50-51 et
94-95), ou *La Lettre* (*Epreuves*, *Exorcismes*,
pp. 56-58).

34. Un texte, particulièrement, demanderait une analyse linguistique rigoureuse : *Tahavi* : « Il s'est
oublié dans une fourmi. Il s'est oublié dans une
feuille. Il s'est oublié dans l'ensevelissement de
l'enfance. » (*La Vie dans les plis*, p. 115).

35. On a dit parfois qu'un tel caractère pouvait trouver
son origine dans l'insuffisance cardiaque de
Michaux. Cela ne fait aucun doute dans la mesure
où cette affection, Michaux le dit lui-même, n'est
pas indifférente à la vie au ralenti et au retirement extrême qu'il connut dans sa jeunesse.

36. Il faut citer, en plus de ces quatre livres :
    L'Ether (*La Nuit remue*, pp. 65-79). Michaux décrit sa première expérience, déjà très ancienne.
    Le Dépouillement par l'espace (*Hermès*, n° 2, 1964). Michaux analyse les effets du C. I., « une des substances à choc psychique parmi les plus anciennement connues ».
    Le Merveilleux Normal (*Les Lettres nouvelles*, n° 39, octobre 1963), Introduction à un prochain livre sur la psychologie.
    Signalons encore que dès son premier livre *Les Rêves et la jambe* (1923), Michaux montrait déjà de la curiosité envers le chanvre indien et le pavot.

37. On peut s'étonner que Bréchon, qui parle si bien des « visions » de la mescaline et cite la phrase de Michaux que j'ai rapportée quelques lignes plus haut, mêle souvent dans son essai des extraits des livres sur la drogue et des autres volumes. C'est mal situer, semble-t-il, les rapports entre l'homme et l'œuvre, et les différents aspects de l'œuvre : *La Nuit remue* et *L'Infini turbulent* ne sont pas à la même distance de leur auteur.

38. Le rapport à la réalité est bien décrit dans un passage où Michaux s'effraie de l'agression érotique d'une femme imaginaire : « On me dira : « De toute façon, ce n'eût été que de la pensée. » Mais de la pensée à ce point d'intensité, c'est cent fois plus réel que la réalité. C'en est l'essence et le pouvoir devenu à jamais inoubliable, « consacré ». » (*L'Infini turbulent*, p. 83,)
    De même le lézard : « Chaque fois que je relève les paupières, il est là, il existe et c'est seulement dans les cinq ou les dix secondes suivantes que je puis poser le « non » de la critique et de la raison sur lui avec un demi-succès. (*Ibid.*, p. 101.)

39. Dans la majorité des cas, Michaux prend de la drogue seul (même s'il lui arrive de demander à un ami de demeurer dans la pièce voisine en cas d'accident) et relate ensuite son expérience. Dans *Connaissance par les gouffres*, il distingue nettement « expériences et autocritiques ». Il prit pourtant de la psilocybine devant des médecins dans une première expérience. Dans une seconde, il fit venir vers la fin une amie médecin pour

« débrouiller ce mystérieux retour à l'enfance »
auquel aide la psilocybine, et qu'il n'avait pas res-
senti. Peu à peu le dialogue s'engage entre eux, la
jeune femme raconte son passé et livre son enfance.
Quelques lignes capitales précisent le rapport étroit
que l'aventure de la drogue entretient avec l'activité psychanalytique.

« C'était merveilleux, mais non pas absurde. Ma
propre désinhibition, ma presque parfaite égalité
d'âme, perceptible, évidemment, lui ayant fait
tomber sa garde, avait fait le miracle et accompli
un retour à l'enfance, inattendu.

« Sans doute, c'est d'abord pour m'aider que le
témoin avait examiné et découvert des épisodes de
son enfance. Ensuite moi j'en avais découvert un
peu de la mienne. Dans une mutuelle confiance,
nous « les » comparions. Tout de même, cet inha-
bituel apaisement était particulier, en tout cas me
conduisait à comprendre enfin la conclusion du
professeur Delay « *que le principal intérêt de la
psilocybine réside dans la possibilité de provoquer
des réminiscences (d'événements traumatisants) et
la levée de réticences* » (p. 57).

40. *L'Infini turbulent*, p. 107.

Michaux situe bien dans une note comment plus
que jamais, l'image intervient de front ou peut
être approchée par la comparaison.

« Ce qui eût été normalement une comparaison
a été ici assimilation totale. J'aurais pensé :
Tiens, je viens de rire d'un rire qui *ressemble* à
celui de Supervielle. » La comparaison n'est pas
toujours recherche d'une correspondance, mais souvent plutôt un moyen de *tenir à distance* (raisonnable — lui donnant place raisonnable ou belle)
une image venue d'emblée, sans crier gare, irré-
pressible, sans « s'expliquer » et dont on ne voit
pas toujours soi-même l'à-propos. On dit alors si
faussement « à propos » ou « cela me fait songer
à » ou « c'est comme ». (*Ibid.*, p. 41.)

41. « Quoique non endormi le colmatage de mes brèches
était en mon corps beaucoup plus complet que dans
maint sommeil, où l'on garde une conscience de
dormir, par le fait de son imperfection, de ses
interruptions légères, par ce qu'on y reçoit des

messages d'organes inapaisés et parce qu'on essaie
en des images de rêve d'arranger ce que la journée et la vie n'ont pu arranger. Supprimés les
agacements, les gênes, les micro-souffrances, on
m'avait ôté ce pardessus troué. Je m'étonnais de sa
disparition, moins cependant que de l'avoir
endossé sans le savoir depuis ma naissance. Par
comparaison avec les présents moments délaissés,
j'apprenais que je n'avais sans doute eu de ma vie
une heure de tranquillité organique et que,
comme beaucoup de personnes, je n'avais souvent
qu'un sommeil criblé d'éveils... » (*L'Infini turbulent*, pp. 121-122.)

     « j'ai brisé la coquille
simple je sors du carcel de mon corps »
     (*Paix dans les brisements*, p. 44.)
42. *Connaissance par les gouffres*, p. 183. Il dit pareil-
    lement dans *L'Infini turbulent* ce que son œuvre
    toujours répète : « Perdue ma résidence en moi.
    Délogé. Bilogé. Comme si j'étais en même temps
    dans un autre lieu. » (p. 141.)
43. Il serait du plus haut intérêt de reprendre ce débat
    en tenant compte des écrits récents sur l'art que
    Sartre a réunis dans *Situations IV*. Le dualisme
    farouche de *Qu'est-ce que la littérature ?* se nuance
    de façon subtile : ses beaux textes sur Wols, Mas-
    son et Giacometti jouent très habilement sur les
    notions de sens et de signification, et malgré la
    différence du ton et du vocabulaire, il finit par
    n'être pas si loin des analyses de Merleau-Ponty
    sur la peinture et le langage.
44. Jean-Paul Sartre, *Situations II*, Gallimard, 1948,
    p. 70.
45. Jean-Paul Sartre, *Situations I*, Gallimard, 1947,
    p. 224.
46. *Situations II*, op. cit., p. 304.
47. Maurice Merleau-Ponty, *Signes*, Gallimard, 1960,
    p. 54.
48. *Ibid.*, p. 95.
49. Le texte de *Mouvements* qui accompagne les dessins
    a été repris dans *Face aux verrous*, pp. 7-21. (La
    préface ne figure que dans le volume original.)
    Michaux y situe avec une précision remarquable
    la nature de ce langage singulier et, d'une façon

implicite, du langage. En voici les passages
essentiels :

« Signes
non de toit, de tunique ou de palais
non d'archives et de dictionnaire du savoir
mais de torsion, de violence de bouscu-
    lement
mais d'envie cinétique

. . . .

Signes non critiques, mais déviation avec
    la déviation et course avec la course

. . . .

Signes non pour retour en arrière,
mais pour mieux « passer la ligne » à chaque
    instant
signes non comme on copie
mais comme on pilote
ou, fonçant inconscient comme on est
    piloté

Signes, non pour être complet, non pour
    conjuguer
mais pour être fidèle à son « transitoire »
Signes pour retrouver le don des langues
la sienne au moins, que, sinon soi, qui la
    parlera ?
Ecriture directe enfin pour le dévidement
    des formes
pour le soulagement, le désencombrement
    des images
dont la place publique — cerveau est, en ces
    temps, particulièrement engorgée. »

50. Roland Barthes, *Le Degré Zéro de l'écriture*, Seuil,
    1953, pp. 69-71.
51. René Char, *La Parole en Archipel*, Gallimard, p. 29.
52. Gaston Bachelard, *La Terre et les rêveries de la
    volonté*, Corti, 1948, p. 114.
53. « Sens et Non-Sens de l'Image », *Médiations*, n° 2,
    1961. Ce texte qui est souvent d'une belle exalta-
    tion est une nouvelle tentative pour couper la
    poésie de toute autre forme de langage. Octavio
    Paz écrit : « ... touché par la poésie, le langage
    cesse soudain d'être langage. J'entends : ensemble

de signes mobiles et signifiants. Le poème trans-
cende le langage (...) Né de la poésie, le poème
débouche sur quelque chose qui la dépasse ».

54. Michel Butor se sert de ce même exemple donné par
Breton pour ouvrir un débat sur le langage dans
une conférence intitulée « Le Roman et la Poésie »
(*Répertoire II*, Éditions de Minuit, 1964). Il analyse
d'une façon remarquable les rapports de la prose et
de la poésie, du point de vue de leur histoire
comme de leur nature, montre très bien comment
se répondent les notions de séparé et de sacré, et
récusant au nom de la modernité les distinctions
traditionnelles d'esprit et de forme, en appelle à
un langage unique où elles viendraient s'abolir
pour créer le plus riche des alliages.

55. « Un poème ne devrait pas signifier,
   Mais être. »
   MacLeish, *Collected Poems*, cité par Mikel
   Dufrène, *Le Poétique*, P.U.F., 1963, p. 63.

56. Francis Ponge, cité par Sartre, *Situations I, op. cit.*,
   p. 253.

57. *Situations II, op. cit.*, p. 34.

58. Martin Heidegger, *Approche de Hölderlin*, Gallimard, 1962, p. 60.

59. Nietzsche, *Ainsi parlait Zarathoustra*, Mercure de
   France, 1958, p. 131.

60. Novalis, *Journal*, Mermod, 1948, p. 164.

61. Shelley, *Défense de la poésie*, cité par Léon Lemon-
   nier, *Les Poètes romantiques anglais*, Boivin,
   1943, p. 166.

62. Flaubert, *Préface à la vie d'écrivain*, Seuil, 1963,
   p. 122.

63. René Char, *Fureur et Mystère*, Gallimard, 1948,
   p. 83.

64. *Ibid.*, pp. 88 et 92.

65. René Ménard, *La Condition poétique*, Gallimard,
   1959, p. 16.

66. Gilbert Lely, *René Char*, Variété, 1946, p. 28.

67. Jean Beaufret, « L'Entretien sous le Marronnier »,
   L'Arc n° 22, été 1963.

68. Rolland de Renéville, *L'Expérience poétique*, La
   Baconnière, 1948, p. 172.

69. *Ainsi parlait Zarathoustra, op. cit.*, p. 133.

70. André Breton, *Second Manifeste du Surréalisme*

(1926), Gallimard (Collection « Idées »), 1963,
p. 20.

71. Hölderlin, *Hymne* (Traduction Armel Guerne), *Le
Romantisme allemand*, *Cahiers du Sud*, 1949,
p. 384.

72. *Approche de Hölderlin*, *op. cit.*, p. 43.

73 Martin Heidegger, « L'homme habite en poète »,
Essais et Conférences, Gallimard, 1958, pp. 224-
245.

74. *Situations I*, *op. cit.*, p. 289.

75. « Tahavi va au vide. Tahavi déteste le vide C'est
l'horreur de Tahavi que le Vide. Mais le Vide est
venu à Tahavi. » (*La Vie dans les plis*, p. 114.)

76. René Char, *Recherche de la base et du sommet*,
Gallimard, 1955, p. 83.

77. *Signes*, *op. cit.*, p. 306.

78. *Ibid.*, p. 305.

79. Nathalie Sarraute, *L'Ere du soupçon*, Gallimard,
1956, p. 74.

80. Maurice Merleau-Ponty, *Sens et Non-Sens*, Nagel,
1948, p. 48.

81. Comme le fait si bien Claude Lefort pour opposer
la frivolité du dogme de la « remise en question »
et la nécessité contraignante de la pensée de Merleau-Ponty. « L'idée d'être brut et d'esprit sauvage », *Les Temps Modernes*, nos 184-185, 1961.

82. Gabriel Bounoure, « La Darçana d'Henri Michaux »,
N.R.F., mai-juin 1957.

83. « Mais ce n'est pas nous qui entrerons.
Ce sont de jeunes *m'as-tu vu*, tout verts, tout fiers,
                                        qui entreront. »

(*La Nuit remue*, p. 86.)
On sent parfois chez Michaux de l'ironie à con-
fronter les âges du monde, mais c'est aussi un
infini délaissement qui le fait s'adresser aux
vivants du futur. Aussi, dans *Avenir*, déjà cité,
toutes les tonalités se mêlent :
« Moi qui suis né à cette époque où l'on hésitait
encore d'aller à Paris de Péking, quand l'après-midi
était avancé parce qu'on craignait de ne pouvoir
rentrer pour la nuit. »
« Jamais, Jamais, non JAMAIS, vous aurez beau
faire, jamais ne saurez quelle misérable banlieue
c'était que la Terre.

Comme nous étions misérables et affamés de plus
Grand.

Nous sentions la prison partout, je vous le jure.
Ne croyez pas nos écrits (les professionnels, vous
savez...)

On se mystifiait comme on pouvait, ce n'était pas
drôle en 1937 quoiqu'il ne s'y passât rien, rien que
la misère et la guerre. » (*Plume*, pp. 101-103).

84. Maurice Merleau-Ponty, *Le Visible et l'Invisible*,
Gallimard, 1964, p. 140.

85. *Ibid.*, pp. 112 et 185.

86. Maurice Blanchot, « L'Ange du Bizarre », *Faux Pas*,
Gallimard, 1943. Dans ce texte, qui eut pour prétexte la publication de la conférence interdite de
Gide, *Découvrons Henri Michaux*, Blanchot quali-
fie parfois très justement le ton de Michaux, mais
demeure absolument étranger à toute raison de
l'œuvre. Il écrit ainsi :

« ... nous sommes dupés par l'apparente signification que ces récits nous offrent, nous croyons
qu'ils sont destinés à éclairer notre bizarrerie par
leur singularité et nous cherchons passionnément
à quoi tout cela peut rimer. Mais nous nous inter-
rogeons en vain. La clé de cette étrangeté, c'est
qu'elle n'a pas de sens pour nous, c'est que littéralement elle ne rime à rien. »

« Telle est, semble-t-il, la principale originalité
d'Henri Michaux, qui, soit dans ses poèmes, soit
dans de brefs tableaux ou des récits plus étendus,
a su mêler, sous toutes les formes possibles, l'imaginaire et le réel, mais a eu en outre l'ambition
d'isoler l'imaginaire et, en dehors de toute référence au destin de l'homme, d'en exprimer la
poésie mystérieuse. Il en est résulté des œuvres
d'où presque tout pathétique direct est exclu, mais
que déchire un humour désespéré, une bouffon-
nerie dont le sens ne peut être découvert. L'emploi
d'un langage volontairement banal, la recherche
d'une syntaxe sans beauté propre, retombant sans
cesse sous le poids de ses propres inventions,
viennent encore accuser le caractère frivole de
ces rêveries qu'aucun fil ne relie à une possibilité de justification. Tout, d'une certaine
manière, s'y explique, mais la raison d'être, par

rapport à nous-mêmes, en est complètement cachée. Ces fictions que nous comprenons ne sont pas écrites pour nous. Ainsi se forme l'idée d'un mystère totalement dépourvu d'énigme, d'un fantastique nouveau sans finalité, plus capable qu'aucun autre de dépayser l'homme, de lui donner une profonde image du désarroi et du malaise qui le saisirait s'il pouvait soutenir la pensée d'un monde où il ne serait pas ». (pp. 265-267.)

87. Nathalie Sarraute, « La littérature, aujourd'hui, II », *Tel Quel*, n° 9, printemps 1962.

88. *L'Homme sans qualités*, *op. cit.*, p. 305.

LA QUESTION DU POÈTE :
SUPPLÉMENT

1. René Bertelé, *Henri Michaux*, « Poètes d'Aujourd'hui », coll. Seghers, 1946, pp. 12, 63.
2. Alain Bosquet, « Henri Michaux ou l'impossibilité d'être », *La Table Ronde*, août 1954.
3. Maurice Saillet, *Billets de Justin Saget*, Mercure de France, 1952, p. 132.
4. Martin Roux, « Michaux, l'espoir », *Revue internationale*.
5. Gaëtan Picon, « Sur Henri Michaux », *Fontaine*, mai 1947.
6. Richard Ellmann, « The Ductile Universe of Henri Michaux », *Kenyon Review*.
7. Claude Roy, *Descriptions critiques*, Gallimard, 1949, p. 308.
8. Henri-Pierre Roché, « Les Gouaches de Henri Michaux », *Henri Michaux*, Drouin, 1948.
9. André Gide, *Découvrons Henri Michaux*, Gallimard, 1941, p. 39.
10. Aimé Patri, « La Clef d'Henri Michaux », *Paru*, mars 1947.
11. Yvon Belaval, « Une Magie rationnelle », *Les Temps Modernes*, septembre 1951.
12. Claude-Edmonde Magny, « L'Univers d'Henri Michaux et de Kafka », *Revue Internationale*, octobre 1946.
13. Pierre Brodin, *Présences contemporaines*, Debresse, 1954, p. 215.
14. Léon-Gabriel Gros, *Poètes contemporains*, *Cahiers du Sud*, 1951.

15. Gabriel Bounoure, « La Darçana d'Henri Michaux », *N.R.F.*, mai-juin 1957.

16. Alain Jouffroy, « Domaine de Michaux », *L'Observateur*.

17. Gaston Bachelard, *La Terre et les rêveries de la volonté*, Corti, 1948, p. 60.

18. René Bertelé, *op. cit.*, p. 14.

19. Philippe de Coulon, *Henri Michaux poète de notre société*, La Baconnière, 1949, p. 108.

20. Robert Bréchon, *op. cit.*, p. 124.

21. Wallace Fowlie, « Henri Michaux », *Poetry*, janvier 1953. Justin O'Brien, « Poetry of the Mind », *Saturday Review of Literature*, 29 décembre 1951.

22. Jean Fretet, « Henri Michaux », *Poésie 1947*, mai 1947.

23. Benoît Braun, « Lire Michaux sur la mer Baltique », *La Table Ronde*, septembre 1954.

24. Henri Thomas, « Michaux, Supervielle », *Cahiers de la Pléiade*, printemps 1950.

25. Rolland de Renéville, « Henri Michaux et Paul Eluard », *La Nef*, mars 1946.
« L'Univers d'Henri Michaux », *La Nef*, mars 1949.
« La Poésie d'Henri Michaux », *Revue de Paris*, septembre 1954.
Univers de la Parole, Gallimard, 1944.

26. René Bertelé, *op. cit.*, p. 11.

27. Jacques Neuris, « Introduction à Henri Michaux », *Marginales*, juillet 1952.

28. Jean de Boschère, « Henri Michaux, le poète d'après le voyage au pays de la magie », *Cahiers du Sud*, juillet 1947.

29. « Une Magie rationnelle », *op. cit.*

30. *Présences Contemporaines*, *op. cit*, p. 218.

31. « L'Univers d'Henri Michaux et de Kafka », *op. cit.*

32. Emile Simon, *Patrie de l'Humain*, Gallimard, 1948, p. 129.

33. « Sur Henri Michaux », *op. cit.*

34. Jean Onimus, « Peur et poésie chez Henri Michaux », *Etudes*, février 1957.

35. Alain Clément, « Préliminaires à Michaux », *Espace*, avril 1945.

36. *Poètes Contemporains*, *op. cit.*, p. 98.

37. « La Darçana d'Henri Michaux », *op. cit.*

38. « La Clef d'Henri Michaux », *op. cit.*

39. *Henri Michaux, poète de notre société*, op. cit.,
    p. 45.
40. René Bertelé, *op. cit.*, p. 65.
41. *Ibid.*, p. 79.
42. *Ibid.*, pp. 94, 108, 112.
43. Robert Bréchon, *op. cit.*, pp. 29, 36, 124.
44. Jean Maquet, « Henri Michaux et le négatif », *Critique*, juillet 1946.

COLLECTION « LES ESSAIS »

J. Carmichael : *La mort de Jésus.*

M. Carrouges : *André Breton...*

E. Cecchi : *Poissons rouges.*

R. Champigny : *Sur un héros païen.*

A. Chamson : *Fragments d'un liber veritatis*

E. M. Cioran : *Précis de décomposition.*

E. M. Cioran : *La tentation d'exister.*

E. M. Cioran : *Histoire et utopie.*

E. M. Cioran : *Syllogismes de l'amertume.*

E. M. Cioran : *La chute dans le temps.*

J. Delhomme : *Temps et destin.*

A. Dhôtel : *Rimbaud et la révolte moderne.*

M. de Dieguez : *L'écrivain et son langage.*

P. Drieu La Rochelle : *L'Europe contre les patries*

M. Eliade : *Le mythe de l'éternel retour.*

M. Eliade : *Mythes, rêves et mystères.*

M. Eliade : *Images et symboles.*

M. Eliade : *Naissances mystiques.*

M. Eliade : *Techniques du yoga.*

M. Eliade : *Méphistophélès et l'Androgyne.*

C. Elsen : *Homo Eroticus.*

Etiemble et Y. Gauclère : *Rimbaud.*

Etiemble : *Le péché vraiment capital.*

Etiemble : *Comparaison n'est pas raison.*

S. Freud : *Moïse et le monothéisme.*

S. Freud : *Délire et rêves dans la « Gradiva » de Jensen.*

S. Freud : *Trois essais sur la théorie de la sexualité.*

S. Freud : *Ma vie et la psychanalyse.*

S. Freud : *Le rêve et son interprétation.*

S. Freud : *Métapsychologie.*

S. Freud : *Nouvelles conférences sur la psychanalyse.*

S. Freud : *Un souvenir d'enfance de Léonard de Vinci.*

S. Freud : *Essais de psychanalyse appliquée.*

M. Merleau-Ponty : *Humanisme et terreur.*

F. Millepierres : *Pythagore.*

C. Milosz : *La pensée captive.*

J. Monnerot : *La poésie moderne et le sacré.*

J. Monnerot : *Les faits sociaux ne sont pas des choses.*

G. Mounin : *Avez-vous lu Char ?*

J. Nantet : *Bataille pour la faiblesse.*

R. Nimier : *Amour et néant.*

C. Olson : *Appelez-moi Ismaël.*

A.-M. Petitjean : *Le moderne et son prochain.*

C. Rohmer : *Le personnage et son ombre...*

J. Rostand : *Peut-on modifier l'homme ?*

J. Rostand : *Science fausse et fausses sciences.*

J. Rostand : *Biologie et humanisme.*

B. Russell : *Science et religion.*

B. Russell : *Histoire de mes idées philosophiques.*

B. Rybak : *Anachroniques.*

N. Sarraute : *L'ère du soupçon.*

J.-P. Sartre : *Baudelaire.*

K. Schlechta : *Le cas Nietzsche.*

E. Simon : *Patrie de l'humain.*

J.-C. Sournia : *Logique et morale du diagnostic.*

O. Spengler : *L'homme et la technique.*

L. Strauss : *De la tyrannie.*

A. Toynbee : *Guerre et civilisation.*

C. Wilson : *L'homme en dehors.*

ACHEVÉ D'IMPRIMER
EN MARS 1965 PAR
EMMANUEL GREVIN et FILS
A LAGNY-SUR-MARNE

Dépôt légal : 1er trimestre 1965.
No d'Éd. 10880. — No d'Imp. 7934.

Imprimé en France.